JN025409

「究」叢書・知を究める 21

近代日本の「知」を考える。

西と東との往来

宇野重規［著］

ミネルヴァ書房

近代日本の「知」を考える。——西と東との往来

目次

Ⅱ　ダイナミックな「知」の遊泳

Ⅲ 「知」が時代をのぞく

序　もっともっと自由な「知」の風を——西と東と

本書は近代日本の知のあり方を、「西と東」という視座から振り返ったものである。もう少し踏み込んでいうと、東京中心のものとして描かれがちな近代日本の知性史に対する、ささやかな異議申し立ての試みである。

富国強兵を掲げて日本の近代化を図った明治政府は、徳川幕府の中枢である江戸を東京と改称、これを政治や経済のみならず、文化や情報発信の中心にしようとした。維新前の日本が実質的には、京都、大阪（坂）、江戸の三都体制であったことを考えれば、その重心を大きく東に移し、かつ一点中心的にしたと言える。このことが近代日本の政治や経済、あるいは文化をより豊かなものにしたのかはわからない。

間違いないのは、政治や経済の東京への一極集中が進むなか、日本の多様な地域で培われた文化や人材の蓄積もまた、東京に強引に引き寄せられたことである。このような事態は戦後になってさらに加速し、現在もなお、とどまるところを知らない。ある意味で、日本の近代化とは地域の持つ力を東京へと流し込む巨大な装置を作り、これを発展させることにあったのかもしれない。

しかしながら、このような過程はけっして一気に進んだわけでも、一方向的でもなかった。日本の各地域がひとや文化を作り出す力は、意外に粘り強かったのである。本書は、このことを示すために書かれた。取り上げた知識人や芸術家の多くは、広い意味での関西に関係のあった人々である。「西」に生まれ、あるいは「西」にそのオリジンを持つ彼ら、彼女らは、場合によっては「東」に行ったかもしれないが、その精神の根っこは「西」にあったように思えてならない。

例えば、福澤諭吉はたしかに東京に慶應義塾を設立し、東京を活動の中心としたが、生まれ育ったのは大阪（坂）堂島の中津藩蔵屋敷であり、緒方洪庵の適塾に学んでいる。あるいは石川県に生まれた西田幾多郎は、大学こそ東京帝国大学選科に進んだが、その精神の根が培われたのは金沢であるし、大きく開花したのは京都の地においてであろう。司馬遼太郎はどれだけ売れっ子になっても、東大阪にある自宅を離れようとしなかったし、手塚治虫や村上春樹には宝塚や神戸という、その出身地の香りがつねに感じられる。

近代日本の知性の歴史を描こうとする場合、東京中心に構想するとどうしてもモノトーンになりがちである。ならばむしろ思い切って「西」に視座を移してみるとどうなるか。近代日本の知性は、私たちが思っているより遥かに、多様な地域に根を持っているのではないか。このような本書の企てがどれほど成功したかはわからない。しかしながら、著者（西日本出身の親を持ちながら、東京郊外に生まれ、これまで大学、職場、住まいのほとんどが、東京を中心とする三〇～四〇キロの同心円内に収まってきた）にとって、「西」から近代日本の知性史を描くことは、実に興味深く、ワクワクすることであった。この感動を少しでも読者と共有できるとうれしい。

本書のもとになる連載を始めたとき、取り上げてみたいと思ったのはまず、いわゆる新京都学派であった。西田幾多郎門下の哲学徒が京都学派の元祖であるとすれば、戦後の京大人文研を中核に緩やかにつながった知識人たちは新京都学派と言える。桑原武夫や梅棹忠夫、さらに上山春平や梅原猛といった人々について、いろいろ読んだり、考えたりしたいというのがこの企画の出発点であった。

しかし、書き始めてみると、この人も取り上げたい、あの人も取り上げたいという思いがどうしても膨らんできた。やがて山崎豊子や与謝野晶子、さらに瀬戸内寂聴といった女性の書き手にまで、本書の対象は広がっていった。関東大震災を機に関西に移住した谷崎潤一郎や、日本の各地の古建築にめざめ、その現代的活用を試みているアレックス・カーのような人物までを取り上げることができたのは、まさに「西と東と」という本書のテーマにふさわしい選択だったと思う。いま思えば、さらに触れてみたい魅力的な書き手も少なくないが、他日を期したい。

本書で取り上げた知識人や芸術家は、いずれも世界各地に広がる巨大な知的なネットワークを持っていた。日本を飛び出してアメリカで活躍し、さらに大英博物館を舞台に活躍した南方熊楠がいい例だが、彼ら、彼女らは東京や、東京を中心として編成された近代日本の知的枠組みを軽々と乗り越えていった。その足跡を追うことは、とかく視野の狭まりがちな現在の私たちにとって極めて示唆的であろう。

「西と東と」の知の往来を、今こそ再び加速しなければならない。もっともっと自由な風を吹かさないといけない。本書がその一つのきっかけになることを願っている。

Ⅰ　身近な「知」こそ、深遠な「知」

1

戦時下でも精神の健全さを――林 達夫

（中央公論新社提供）

林　達夫（はやし・たつお）
一八九六～一九八四年、思想家・評論家。東京生まれ、二～六歳を外交官の父の赴任先であるアメリカ・シアトルで過ごす。第一高等学校中退後、京都帝国大学哲学科卒。当時からの友人に三木清と谷川徹三（詩人・谷川俊太郎の父）がいる。戦後明治大学教授、中央公論社出版局長、平凡社顧問を務め、辞典などの編集に携わる。朝日文化賞（現朝日賞）を受賞、大江健三郎、山口昌男、中村雄二郎、高階秀爾などが師事した。

誰がなんと言っても、これはたいへんな大空位時代である。

（「歴史の暮れ方」中川久定編『林達夫評論集』岩波文庫、一九八二年、一二三頁）

林達夫という知的巨人を、通常の学問史や文化史のなかに位置づけるのは難しい。ルネサンスやバロック期を中心にヨーロッパ精神史を考察した研究者といえば間違いではないが、本人が言うように、制度化されたアカデミズムの人ではない。何より林は「アマチュア」精神の人であった。

「アマチュア」とは、いわゆる「素人」ではない。専門的な知識を持ちながら、それにとらわれない。アカデミズムの権威主義をあざ笑うかのように、自由な思考を展開する。専門家であれば鼻で笑うような素朴な疑問や発想にこだわり、あれこれ発想をめぐらしてこそ「アマチュア」である。思いもかけぬものを見つけ出してきて面白がって比較している姿こそ、その真骨頂であろう。もちろん、いい加減とは対極で、本人としてはいたって真剣である。林によれば、一世を風靡するような思想を生み出すのは、決まって思想の天才的な「アマチュア」であった。

これに対し、現代日本で「アマチュア」というと、「あの人はアマチュアだから」と自分の狭い領域の外の人を小馬鹿にするか、あるいは「いやいや、私はアマチュアでして」と自分の発言の責任を持たず、逃げを打つ場合がほとんどだろう。しかし、林のいう「アマチュア」とは、彼がモデルとするイギリスに特有な精神的態度を指す。

林は政治家のボールドウィンを指して、権力の渦中にありながら政治のアマチュアとしての姿勢を保持したとして評価するラスキの言葉を紹介する（「十字路に立つ大学」）。政治は権力闘争の場であるからこそ、どこかそれから離れた感覚が必要である。その世界にどっぷり浸かるのでもなければ、馬鹿にしてそこから逃避するのでもない。渦中にありながら、どこかそこから抜け出した余裕というか。丸山眞男が政治にユーモアが必要であると論じたのも、同様の趣旨であろ

レオナルド・ダ・ヴィンチ《聖アンナの母子像》
（林が愛した絵画だという）

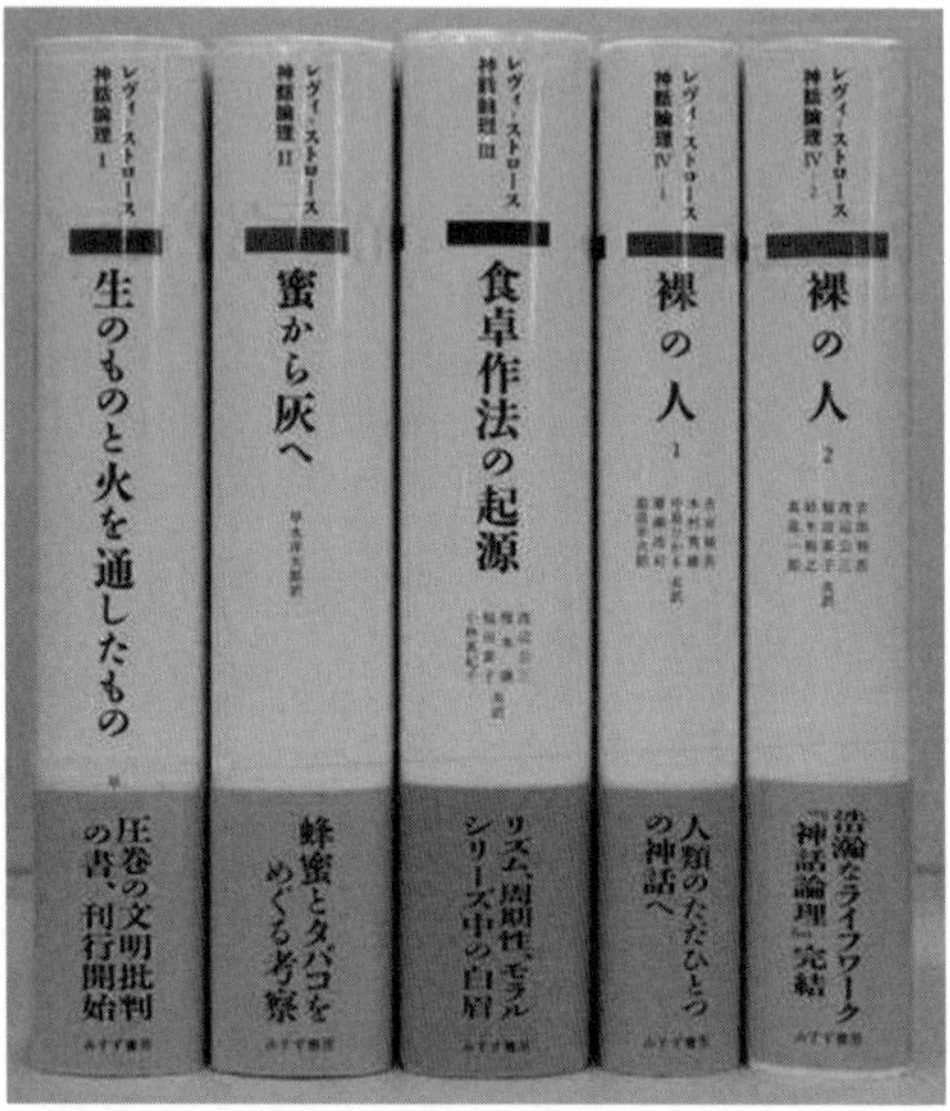

レヴィ＝ストロースの邦訳著作

う。

もちろん、林がこのような議論を展開したのは、戦時下のことである。神がかった言説があふれ、激烈でありながらその実は空虚な言葉が飛び交う状況のなかで、林は絶望に陥りそうになりつつ、それでも精神の健全さを維持しようとした。林の目の前にあったのは、まさに精神の「大空位時代」であった。多くの知識人が右往左往した挙句、時勢に迎合する姿に対しても林は厳しい目を向けた。

林はベルクソンの『笑い』の解説を書き、また「デカルトのポリティーク」を論じる。かと思えば、鶏を飼い、ささやかながら英国風の庭園を造ろうとする。一貫して林が追求したのは、政治の世界から独自の距離を取りつつもそこから退隠するのではなく、むしろ自らの生活の、そして精神の基盤を立て直すことであった。自らの庭にこだわり、養鶏についての知識を収集したのもそのためである。

外交官の家に生まれ、シアトルで幼少時を過ごした林であるが、のちに福井に暮らし、やがて京都の府立一中に進んだ。高校こそ東京の一高に入学したが、どうやら水が合わなかったのだろう。大学は京都帝国大学文学部哲学科に入学し、西田幾多郎や深田康算に学んだ。その後は東洋大学などで教え、岩波書店・中央公論・平凡社などと関わったように活躍の舞台は東京だったが、どこか林には関西、さらには海外の知的な雰囲気が感じられる。ベルクソンを論じ、ファーブルを訳し、パノフスキーを語ったかと思えば、レヴィ＝ストロースに話題を転じる。戦前から戦後にかけての、関西を中心とする世界文化の広がりを感じさせてくれる知識人である。

深田康算

現代もはたして「たいへんな大空位時代」なのだろうか。ネットを行き交うおどろおどろしいが、どこか空虚な言葉の数々を見ながら、そう思う。林なら何といったであろうか。

私たちもまた鶏を飼い、庭を造るべきなのか。

2 自由のための「考える言葉」

——中井正一

（中井正一『美学的空間』より）

中井正一（なかい・まさかず）

一九〇〇～一九五二年、美学者・評論家・社会運動家。

一九三六年の「委員会の論理」をはじめとして広範な話題で戦前戦後にかけて、広く影響を与えた。第三高等学校卒業後、京都帝国大学哲学科で深田康算、九鬼周造に学ぶ。京都学派の流れを汲みつつ、独自の中井美学を確立する。京都帝国大学、相愛女子専門学校（現相愛女子短大、相愛大学）講師、戦後の一九四八年、羽仁五郎の推薦で国立国会図書館の初代副館長を務めた。

町の広場が論理の発生する酵母となっている

（「委員会の論理」長田弘編『中井正一評論集』岩波文庫、一九九五年、一一頁）

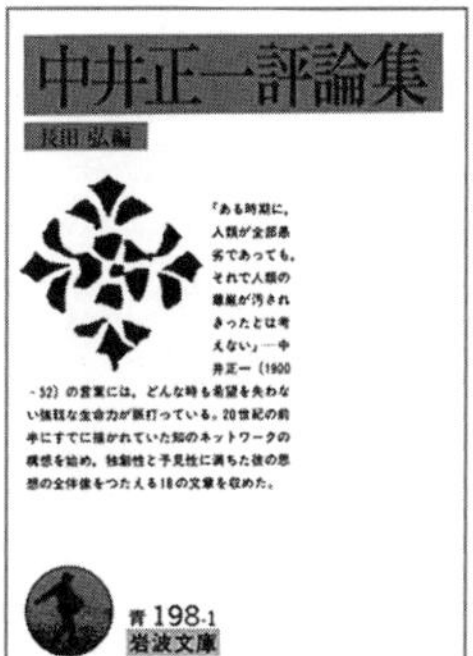

考えるためには言葉が必要である。はたして現在の日本語は、私たちが生活し、思考する上で、それにふさわしい言語といえるだろうか。なるほど、明治維新以来、西洋から多くの事物とともにさまざまな言葉が流入した際、それを受けとめつつ、近代言語としての日本語が成長していった。新たな日本語は、新たな技術や学問の詳細を表現すると同時に、政治や経済の制度を組み立

世界文化

昭和十二年二月

創刊號

歴史の問題・それに對する二つの方法	馬場啓之助	1
時代の子と継子 ―スピノザの歴史的鏡―	シエストフ	64
明治演劇史研究の方法論	辻部政太郎	19
辨證法的美學とマルクス	リフシツツ	50
世界文化情報		
戰後英國小說界の動向	奥村	34
フランス文壇と全ソ作家大會	瀧口	39
メツセーヂ	ジイド	45
ソヴエート文化ニュース	相澤	46
第三帝國への絶緣狀その他	水野	37
新刊紹介		73

京都・世界文化社

『世界文化』創刊号

て、人々の会話や、ときに恋愛感情をまでを伝える媒体として、鍛えられ磨かれていった。

が、そのような近代言語としての日本語が、真に生き生きしたものになっているか。抽象的な論理と同時に、繊細な感情を運ぶ乗り物として、過不足ないものになっているか。そのように問われると、少し自信がなくなってしまう。学者の言葉はやはり難しいし、日常の会話でも、思いをストーンと伝えるのはいつも困難だ。はたして今の日本語は、誰もが平易に学べて、日常で使い、言語としての表現能力を高めていける言語といえるだろうか。

哲学の京都学派に連なる美学者として出発し、戦前は雑誌『世界文化』や『土曜日』を編集、戦後は国立国会図書館の副館長など、図書館運動でも活躍した中井正一は、このような問題に真剣に取り組んだ一人であった。岩波文庫版の『中井正一評論集』の編者であり、詩人として、散文家として優れた現代語を創造した長田弘は、その解説を次の一文で始めている。「中井正一は「考える言葉」というもののあり方に苦しんだ人だったと思う」。

たしかに中井は苦しんだのだろう。例えば、その代表論文とされる「委員会の論理」であるが、内容は充実しているものの、正直なところ読みやすい論文ではない。冒頭に挙げたのは、中井が古代ギリシャにおける論理の発展について触れた一文である。次に初期キリスト教や中世の神学における瞑想の言葉と論理、さらに活字になり印刷される論理を議論していく。やがてイギリスの経験論、カントの批判哲学、さらに技術や生産の場における論理へと展開していくが、その抽象的な書きぶりは、一般の読者にとってはかなり手強いもの

『美学入門』

ボート競技の様子
（全日本選手権男子エイト，手前から同志社大学・東京大学・慶應義塾大学・メルボルン大学・早稲田大学，1969年）
（『同志社スポーツの歩み第三版』2020年より）

といえる。

何より、これらの論理を総合するものとしての「委員会の論理」がイメージしにくい。おそらく中井は、権力の論理でもなく、学者の論理でもなく、普通の人々がともに使っていく論理を構想したかったのだろう。が、はたして中井の「委員会の論理」が、その良き実践例を示しているかというと疑問が残る。それと比べるならば、戦後の『美学入門』や図書館論の文章は、はるかに読みやすい。中井はたしかに「苦しんだ」のだ。

中井は多くのスポーツ論も書いている。ラグビーやボートなどへの愛情が感じられるが、そこに描かれるのは、鍛え抜いた選手が、疲労の極みにおいて、それでも繰り出す体の動きの「冴え」である。限界状態において、それでもかつてないパフォーマンスを実現することで、その人は自分自身を超えていく。ここにこそ中井の追い求める「自由」の像がうかがえる。中井はその美学においても、人が自分自身を追い抜いていく瞬間を論じようとした。

人間の人生は疲労に満ち、愚かさに満ちているが、それでもある瞬間に、自分の追い求めている何かを、気づかぬうちに追い越しているように感じることがある。その愉快さと快さを中井は美学論のなかで強調する。その文章は喜びに満ちている。

誰もが自らの生において「自由」を感じられること、そのための場と媒体を中井は追究したのだと思う。その最たるものは言語であった。はたして中井の死後、日本語は彼の期待した方向で発展してきたのだろうか。現代日本語を話し、書き、日々使用している一人として、考えてしまう。

3　ダイアローグの思想家——鶴見俊輔

（鶴見太郎氏提供）

鶴見俊輔（つるみ・しゅんすけ）

一九二二〜二〇一五年、哲学者・評論家。政治家の鶴見祐輔と愛子（後藤新平の娘）の間に生まれる。東京府立五中中退後、アメリカに留学、都留重人と出会う。のちにハーヴァード大学に入学し、哲学を学ぶ。この頃結核を患う。太平洋戦争の激化により交換船により帰国。戦後結核の療養のなか、姉和子、都留、丸山眞男などと、思想の科学研究会を発足させ『思想の科学』を創刊する。その後、京都大学、東京工業大学、同志社大学で教鞭をとる。戦後の進歩的文化人を代表する一人。

日本の学者の書くものというのは、大体倍音がないでしょう。

（久野収・鶴見俊輔・藤田省三『戦後日本の思想』岩波現代文庫、二〇一〇年、二〇二頁）

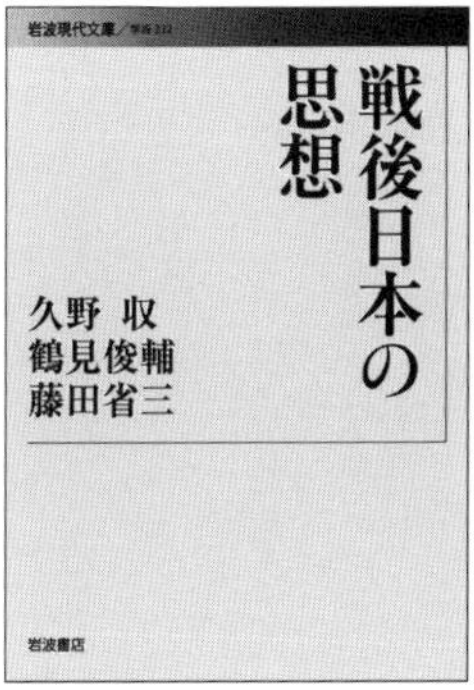

鶴見俊輔という人の存在感をどのように表現したら良いのだろうか。戦後日本を代表する知識人とされることも多いが、その思想を一言で表現するのは難しい。父が鶴見祐輔、母方の祖父が後藤新平と、戦前日本の政治的「エスタブリッシュメント」階層の出身であったが、鶴見の人生はそのような出身からの逃走と抵抗の軌跡でもあった。若くしてハーヴァード大学に留学しプラ

グマティズムを学んだが、彼の真骨頂は、それを哲学としてではなく、一つの生き方として実らせたことにあった。

数多い鶴見の著作のなかでも、「もっともこの人らしい」と言えるのは、座談会形式のものではないか。この評価は、けっして思想家としての鶴見を貶めるものではないはずだ。

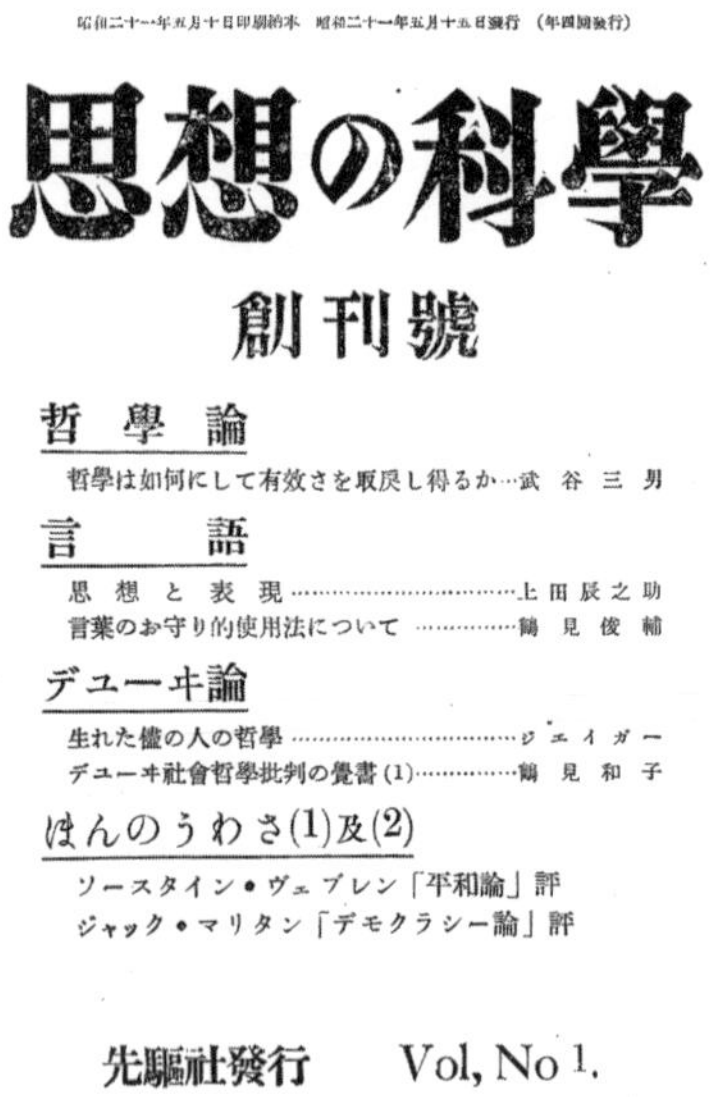

『思想の科学』創刊号

鶴見にとって、気のおけない仲間との共同研究や対話は、きわめて好ましい思考の表現形態であった。鶴見の博識はこの形式においてもっとも光彩を放ち、多様な論点を縦横無尽に論じ、対話を盛り上げる彼の存在は、座談会を生き生きとしたものにする。鶴見は本質的にモノローグ・タイプではなく、ダイアローグ・タイプの思想家であった。

思えば、敗戦直後の日本で、鶴見が姉の和子とともに雑誌『思想の科学』を始めたことが運命的だったのかもしれない。留学中には日米関係が緊迫するなかで収容所に入れられ、結核性腹膜炎の療養中に敗戦を迎えた鶴見が、模索のなかで創刊したのがこの雑誌だった。丸山眞男や武田清子らを創設メンバーとしたこの雑誌であるが、何度かの中断と復刊を繰り返しながら、実に半世紀も続いたのは、それがつねに多くの新たな仲間を受け入れ、鶴見とともに考え続ける知の共同体としてあり続けたからだろう。

この雑誌の「転向」研究あたりから、鶴見は自らのスタイルを確立していったように思われる。その展開上にある、兄貴分の哲学者・久野収との共著『現代日本の思想』（岩波新書）が、彼の初期のベストセラーの一つになったのは偶然ではないはずだ。白樺派から共産党、昭和維新の思想から生活綴り方運動まで、多様な思想的潮流を久野と鶴見の複眼で検討するこの本は、今日読んでも新鮮である。

冒頭の引用は、この二人にさらに思想史・精神史の藤田省三を加え、本格的に座談会形式を取り入れた『戦後日本の思想』（中央公論社、現在は岩波現代文庫）からのものである。小学校教育に始まり、多くの名もなき人々が自らの生活を記した生活綴り方運動について、鶴見は思想としてみても学会の水準より高いという。その上で鶴見は、日本の学者の書くものに「倍音」がないとする。楽器を含め、すべての音は整数倍の周波数を持つ成分を含み、この隠された音こそが豊かさを生み出す。「本当の学問」も同じである。マルクスにせよ、ウェーバーにせよ、その底に「実

『現代日本の思想』

丸山眞男（『丸山眞男集 第八巻』より）

感」のようなものが聞こえてくる。日本の学者の仕事は本当の一流を除くと、この「倍音」が聞こえてこないという鶴見の挑発は興味深い。

何も学問的仕事において自らの「実感」を吐露しろというのではないだろう。ただ、純粋の学問的著作においてさえ、その書き手の人生における思いのようなものが小さく聞こえてくる。それが著作の主張の「倍音」となって、その奥行きや豊かさとなる。このような知的営みが社会の至る所で展開され、そのことによって思想・哲学と行動・生活が豊かな往復運動を生み出す。そのような理念が、思想家としての鶴見の本質であったはずだ。

思想や理念が行動や生活において試される

という意味で、鶴見はプラグマティズムの教えに生涯忠実であった。戦後日本という土壌においてその可能性をぎりぎりまで追求した点において、鶴見は戦後日本を代表する真の思想家の一人であった。現代日本において「思想」というものを考えるにあたって、鶴見はいまだ乗り越え難い大きな達成点であろう。

4　かくれ里に残された「内発的」な拠り所——鶴見和子

（鶴見太郎氏提供）

鶴見和子（つるみ・かずこ）

一九一八〜二〇〇六年、社会学者。鶴見祐輔・愛子の長女（四人きょうだい）として生まれる（俊輔の姉）。津田英学塾卒業後、アメリカ・ヴァッサー大学大学院、コロンビア大学大学院で学ぶ。太平洋戦争中、弟俊輔とともに交換船で帰国。戦後、俊輔らと思想の科学研究会を発足させた。その後、トロント大学、ブリティッシュコロンビア大学、成蹊大学、上智大学などで教鞭をとる。八王子のセミナーハウスの運営委員をつとめる一方、市井三郎、宇野重昭などと「思想の冒険」グループを作った。

> 殺されかけてもほんとうに死なないためには、かくれるのです。身をかくすのです。
>
> （鶴見和子『新版　殺されたもののゆくえ』はる書房、二〇一八年、一八一頁）

鶴見和子といえば、「内発的発展論」で知られる。しかし、発展が「内発的」であるとはどういうことか。およそ、あらゆる社会が、多かれ少なかれ外からの影響を受けて発展する以上、はたして「内発的」な発展と、「外発的」な発展を明確に区別することなどできるのだろうか。そのような疑問がどうしても生じてしまう。

タルコット・パーソンズ

もちろん、鶴見の主張は理解可能である。鶴見祐輔の長女として生まれ、戦前にアメリカで哲学を学んだ鶴見は、弟の俊輔とともに日米の交換船で帰国した。戦後、「思想の科学」の立ち上げなどに活躍した彼女が、再び渡米して学んだのが社会学であった。

この時代のアメリカにおいて主流だったのは、タルコット・パーソンズ的な社会学である。そこでは単系的な発展がイメージされ、自国の歴史のなかから「内発的」に近代化を実現した欧米諸国と、外からモデルを与えられたアジアやアフリカなど後発国の「外発的」発展とが対比された。このような図式に対抗しようとした鶴見の意図は明らかだろう。

それぞれの社会は、それぞれの条件に応じて発展する。発展のあり方は、けっして一つではない。さらにいえば、創出すべき社会のモデルも多様である。「現代日本の開化」において、日本の近代化を「皮相上滑り開化」と批判した夏目漱石にインスパイアされた鶴見は、あらためて「内発的」な発展と「外発的」な発展を再定義しようとしたのである。

それぞれの社会は、外来の要因と在来の要因を、時間をかけて結びつけることで、自分なりの社会の発展を実現しうる。同時代の世界における脱物質主義的な価値観への志向と、草の根から展開する社会運動の盛り上がりを受けた、鶴見なりの問題提起であったと言えるだろう。

夏目漱石

とはいえ、このような鶴見の内発的発展論は、なお抽象的かもしれない。鶴見の思いを理解するためには、日本に帰国後、彼女が熱心に読み込んだ柳田國男や南方熊楠、あるいは水俣や中国などでの地域調査についても射程に入れるべきである。

鶴見は柳田から、日本の村がけっして農民や常民と呼ばれる定住者だけでなく、漂泊者にも開かれたことを学んだという。日本社会とは、そのような定住者と漂泊者の交流のダイナミズムによって成り立っている。この発見が、鶴見の内発的発

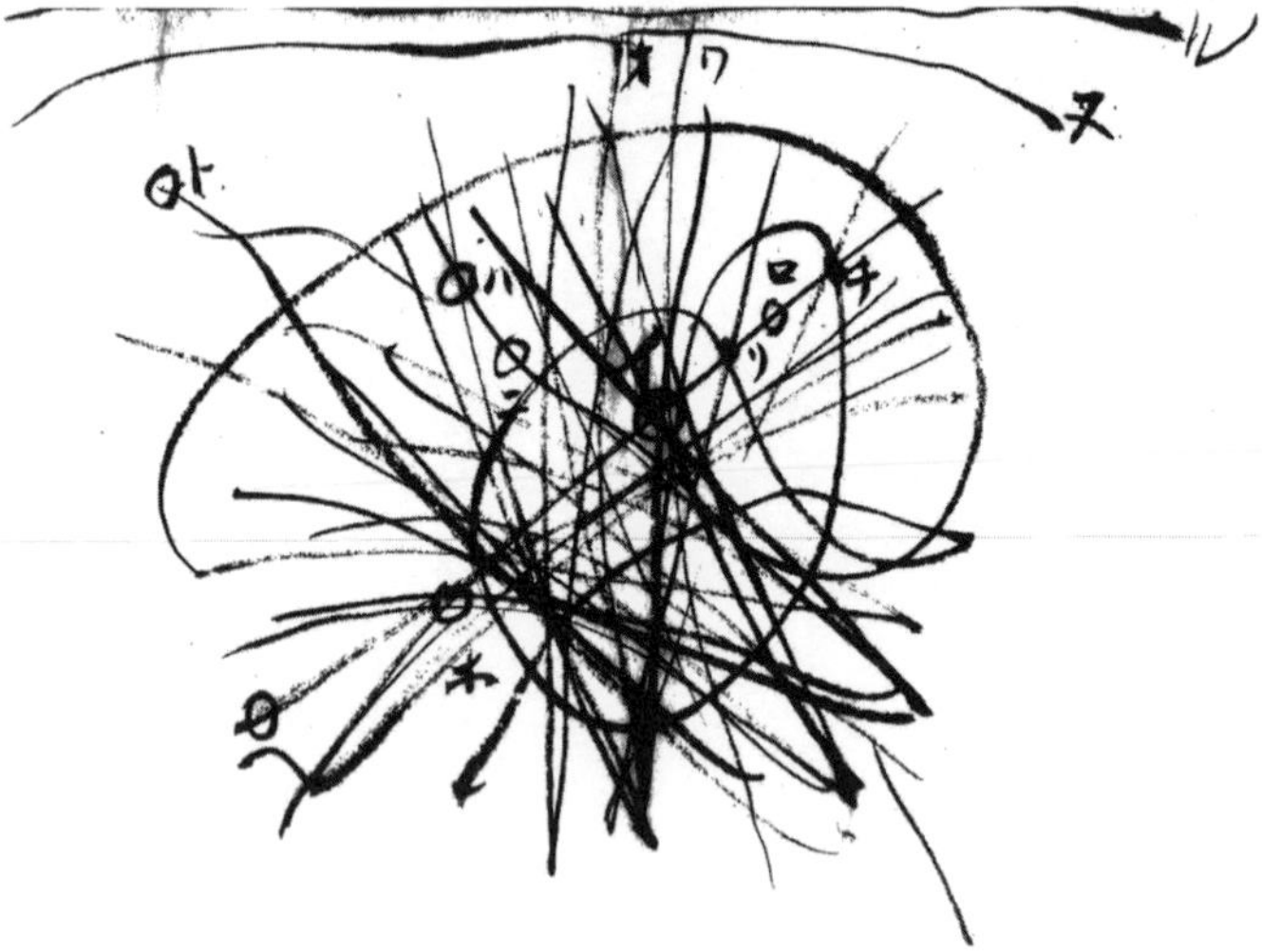

南方曼荼羅（『南方熊楠アルバム』より）

展論のイメージを支えている。

さらに鶴見はいわゆる南方曼荼羅に注目する。真言密教の曼荼羅を受け、南方が豊かに展開した世界像を、鶴見は必然性と偶然性が遭遇し、異質なものが出会う場として捉えた。このような柳田や南方を比較社会学の視点から学ぶことで、鶴見は初めて日本社会を内発的発展論の視座から理解することができたのである。

その上で鶴見は指摘する。中世のヨーロッパでそうだったように、あるいは世界の各地で同じことが起きたように、「征服され、また追放された小さな民の信じていた神々」は、社会にあちこちに隠れている。日本でも同じである。柳田の『遠野物語』などの「山人伝説」のなかに、あるいは南方の神社合祀反対運動に、隠された神々への彼らのまなざしが見出せる。

このような意味において、鶴見の内発的発展論は、日本の社会と歴史を振り返る上で、重要な示唆を与えてくれるだろう。日本社会のダイナミズムを生み出したのは、定住民だけではなく、漂泊民の存在こそが重要であった。そして彼らによって保持され、「かくれ里」に残された旧い信仰や思想は、新たな社会に影響を与える拠点ともなりうる。明治以来の近代化によってすべてが統合されたわけではなく、今なお日本社会は多様である。

アメリカと日本の間で学問と社会のあるべき姿に葛藤し、中国や日本の地域の実践から学ぼうとした鶴見の議論は、今日なお、私たちの想像力を解き放つ。

5 自由奔放に描いた新たな世界地図——梅棹忠夫

（千里文化財団提供）

梅棹忠夫（うめさお・ただお）

一九二〇〜二〇一〇年、生態学者・民俗学者・情報学者・未来学者。

京都市生まれ、府立一中、第三高等学校卒、京都帝国大学理学部在学中に今西錦司団長の大興安嶺探検隊に参加。モンゴルでの生態的な研究をベースに『文明の生態史観』、京大式カードを紹介した情報処理のあり方を論じた『知的生産の技術』は双方ベストセラーとなる。一九六四年、小松左京、林雄二郎、川添登、加藤秀俊と「万国博を考える会」を発足し、七〇年大阪万博の理念構築に貢献した。また国立民俗学博物館の開館に尽力し、一九七四年開館、初代館長となる。漢字廃止論を唱えるローマ字論者であり、エスペランティストであった。八六年原因不明の失明後、漢語に多い同音異義語の問題点を指摘した。

日本は、中国の辺境国家のひとつにすぎなかった

（梅棹忠夫『文明の生態史観』中公文庫、一九九八年、四二頁）

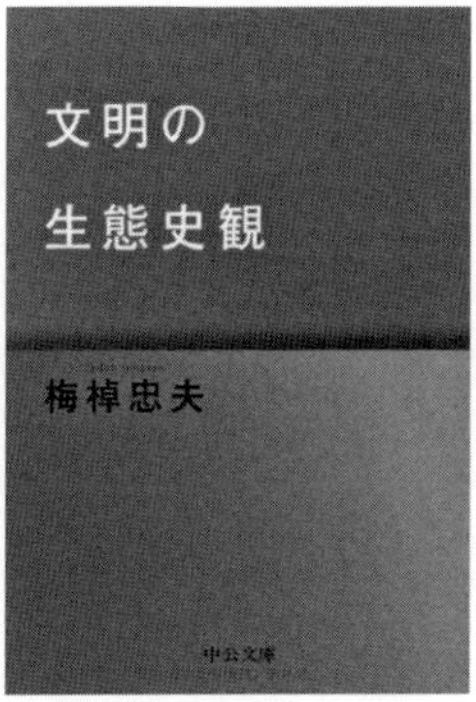

「新京都学派」という言葉がある。京都帝国大学の西田幾多郎と田辺元、およびその影響下に出発した哲学者たちを京都学派というとすれば、新京都学派は、戦後、京都大学人文科学研究所に集まった学際的なグループを指すのに使うようだ（例えば柴山哲也『新京都学派』平凡社新書）。桑原武夫、今西錦司、貝塚茂樹、梅棹忠夫、上山春平らを含むが、その外延ははっきりしない。桑

今西錦司（斎藤清明氏提供）

原のリーダーシップのもと、京大人文研では「フランス百科全書の研究」「ルソー研究」など様々な共同研究が行われたが、今西や梅棹など、主要メンバーの多くはユーラシア各地を巡る登山・探検の仲間でもあった。自然科学と人文社会科学の入り混じる、風通しのよい知識人集団、くらいに捉えてよいのではないか。

この集団の風通しのよさを象徴する一人が梅棹である。梅棹といえば『文明の生態史観』（中央公論社）で知られるが、この著作を学問のどの分野に入れるのか迷うところである。生態学といい、民族学といい、梅棹の縦横無尽な議論を表すにはふさわしくない。さらに梅棹にはもう一つのベストセラー『知的生産の技術』（岩波新書）があるが、京大カードを使った情報整理と知的創造のアイディアは、単なるノウハウや情報処理理論に収まらない射程を持っている。梅棹自身は情報学というが、はたして適切かどうか。いずれの著作も、狭義の専門家なら眉をしかめるような奔放な指摘が含まれている。

カラコラム隊の準備中（貝塚京都大学人文科学研究所長や梅棹，中尾，手伝いの学生らと）
（国立民族博物館所蔵）

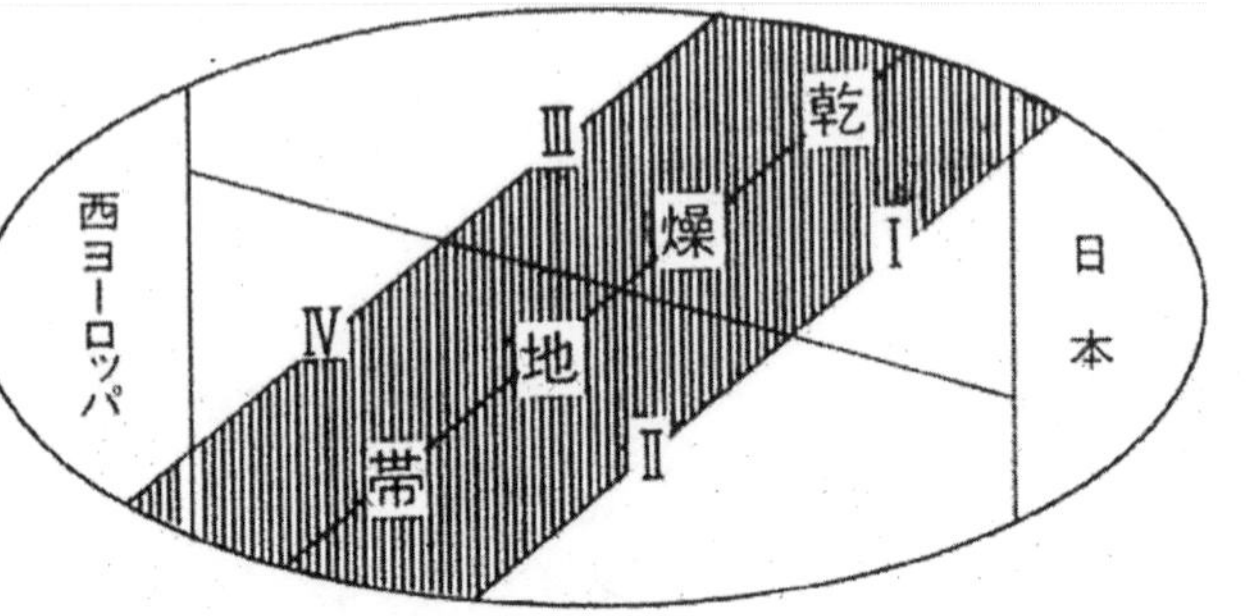

第一地域と第二地域の国

「全旧世界を横長の長円であらわし、左右の端にちかいところで垂直線をひくと、その外側が第一地域で、その内側が第二地域である。」（『梅棹忠夫著作集　第５巻　比較文明研究』より）

『文明の生態史観』の出発点は、京都大学カラコラム・ヒンズークシ学術探検隊での経験にあった。梅棹自身はアフガニスタン、パキスタン、インドを巡ったが、農民、都市民、遊牧民の多様な暮らしを目の当たりにすることで考えたのが『文明の生態史観』である。日本を比較する対象として欧米、もしくは中国に向かいがちであった戦後日本の知識人にとって、中央アジアや南アジアを中心に据えた梅棹の新たな世界地図が斬新であったことは想像に難くない。

梅棹は世界を第一地域と第二地域に分ける。ユーラシアの西と東の端にある西欧と日本が第一地域、間にある広大な部分が第二地域である。第一地域が当時のいわゆる先進国であるとすれば、第二地域は第二次大戦以降、急激に勃興しつつある国々である。

第一地域に封建制が見られたのに対し、第二地域を特徴づけるのは大帝国であった。大胆な構図であるが、あるいは西欧と日本を同じカテゴリーに分類するあたり、先進国の仲間入りをしたという当時の日本人の自負に訴えるものがあったのかもしれない。

今日振り返ってみると、梅棹の真骨頂はむしろ、欧米崇拝はもちろん、狭小な日本中心主義をも笑い飛ばすような伸びやかさにあるのではないか。日本には善かれ悪しかれ、文明の中心になった経験がない。その点で、インドや中国とは違うのであり、日本はどうもそのような歴史的体験に基づく文化的劣等感と、裏返しの自尊心の往復運動で忙しい。日本は、中国の辺境国家の一つでしかなかったが、いまや欧米中心の世界観に鞍替えして、その視線からユーラシアの他の地域を見ている。もう少し、風通しのいい、自由な世界の捉え方はありえないのか。梅棹がそう語りかけているように思えてならない。

「文明の生態史観」が最初に雑誌論文として掲載された際の反応についてのコメントも面白い。梅棹は、反応がもっぱら日本の位置づけだったのを揶揄して、「日本の知識人諸氏の、日本に対する関心のふかさ、情のあつさ」といい、「日本以外の世界にたいする関心のなさ」に驚いたという。さらに日本の知識人を「なれなかった政治家」「挫折した政治家」と呼び、その中途半端な為政者意識を指摘している。政治の実践とは縁遠いのに、あるいはその分、上から目線であることを皮肉ったものだが、あるいはその傾向は今日でも変わっていないのかもしれない。

6

「知のコモンズ」という大いなる実験の記憶

――桑原武夫

（斎藤清明『京大人文研』より）

桑原武夫（くわはら・たけお）

一九〇四～一九八八年、フランス文学者・評論家。

京都帝国大学東洋史の桑原隲蔵の子として、福井県敦賀に生まれる。京都府立一中、第三高等学校を経て、京都帝国大学文学部卒業。旧制大阪高校、東北帝国大学を経て、京都大学人文科学研究所教授。スタンダールなどのフランス文学を日本に紹介する一方で、人文研を拠点として様々な共同研究を主導し、梅棹忠夫、梅原猛、上山春平、鶴見俊輔など文化人を育てる。一九七七年芸術院会員、一九八七年文化勲章を受章。『文学入門』や「日本の名著」シリーズなど現在に残る書籍を残した。

われわれは、そうしたエクスペリメントをしたく思った。エクスペリメントによってしか、ものは進歩しない

（『ルソー研究』岩波書店、一九五一年、iii頁）

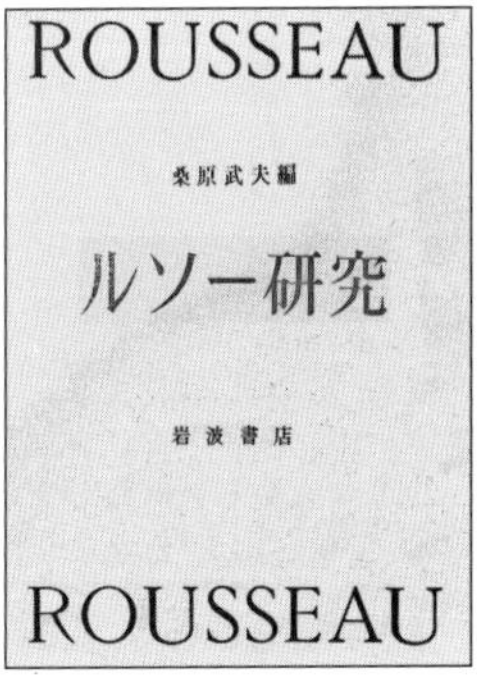

桑原武夫もまた、同時代的な評価が今日ではわかりにくくなっている知識人の一人であろう。京都帝国大学で東洋史を講じた桑原隲蔵を父とする桑原は、フランス文学者として活躍しただけでなく、京都大学人文科学研究所を本拠とする多くの共同研究をリードしたことでも知られる。まさに、戦後の京都知識人のネットワーク（新京都学派）の結節点にいた存在であり、これを代表

する人物でもある。

にもかかわらず、数年前には、こんなニュースも飛び込んだ。桑原の死後、京都市の名誉市民でもあったことから、その蔵書一万冊が京都市に寄贈されていたが、遺族の承認を得ることなく、廃棄処分になったというのである。寄贈図書の扱いに困っているのは全国の図書館に共通の問題だが、一時は桑原の書斎を再現した記念室もあったというだけに、桑原の記憶が遠いものになりつつあることを思わせた。

もちろん、桑原と前川貞次郎によるルソーの『社会契約論』（岩波文庫）の翻訳は今も現役であるし、『文学入門』（岩波新書）も刊行から半世紀以上過ぎているが版を重ねている。その意味では、桑原の知的遺産はなお重要な意味を持っているが、それにしても、彼が生きた時代において発揮した知的輝きのようなものは、うまく捉えられなくなっているのではないか。

桑原と彼を中心に集まった人々の熱気のようなものが感じられるのが、例えば『ルソー研究』だ。この本はすでに触れた京大人文研の共同研究の産物である。序言を書いているのは桑原だが、およそ近代を考える上でルソーに遡る重要性を説いて、実に意気軒昂としている。何より印象的なのは、研究を世界的水準で行うという自負である。

単にルソーを通じて近代を学び、日本の近代化に資するというのではない。さらには世界的なルソー研究に加わり、その進歩に寄与したい――そのような抱負は巻末の詳細な英文要旨や重厚な参考文献一覧からもうかがえるだろう。今では当たり前かもしれないが、敗戦から間もないこの時期に、これだけ気宇壮大な人文科学系のプロジェクトは珍しいものであったはずだ。

この本が外国人読者にどれだけ実際に読まれるにせよ、「エクスペリメント（実験）」をする意義を桑原は疑わなかった。世界の同時性を意識した実験の精神こそ、桑原とその周辺に集まった人々を特徴づけた。桑原は「エクスペリメント」をしたかったのである。

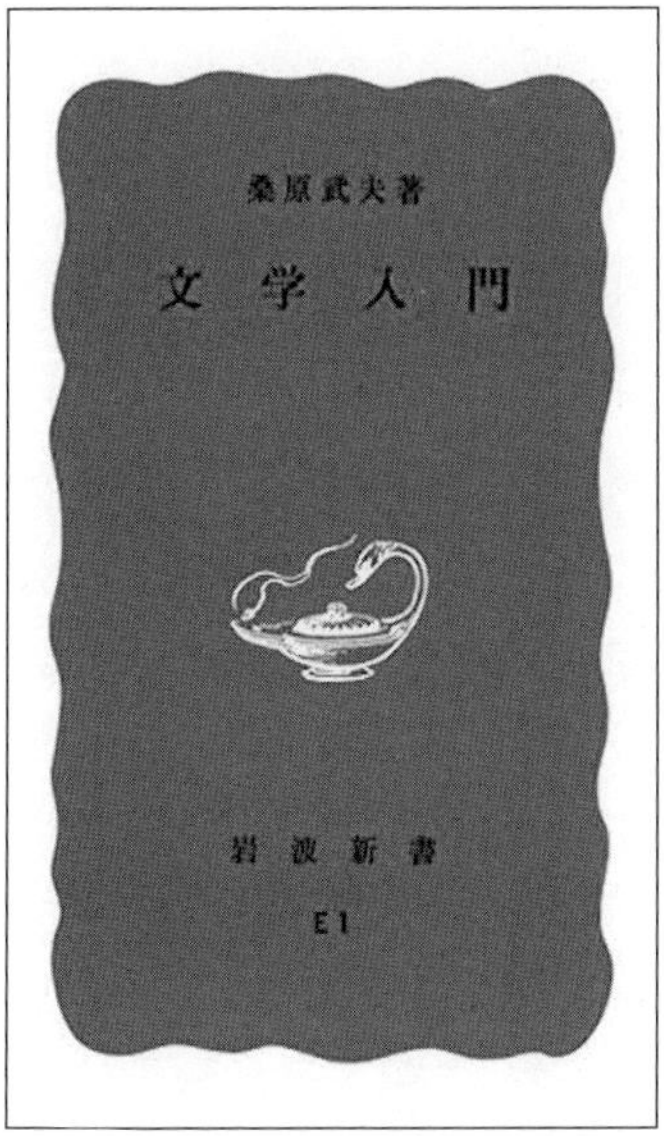

『文学入門』

序言には共同研究の仕組みについても、詳細な説明がなされている。後に「京大カード」として知られるカード・システムについても記述がある。この連載でも触れたように、このカード・システムは梅棹忠夫の『知的生産の技術』によって全国的に普及したが、そもそもはこのルソー研究のプロジェクトが原点にある。ルソーの原典や参考文献からの抜き書きをカード化して検索可能にすること、

共同研究の成果を壇上に置き行った退官記念講演（斎藤清明『京大人文研』より）

そしてそれを個人のものとせずプロジェクトメンバーで共有することは、情報というものを「共有財産化」として捉える斬新な考え方であった。今日でいう「知のコモンズ」の原点はここにあったのである。

桑原らの共同研究のイノベーションはそれだけではない。タイピストを用いるなどして効率化を図るなど、「研究のスピード・アップ」を意識したこともその一つである。それまで日本の人文科学ではややもすれば、「精緻の学風」が尊ばれ、効率性やスピードが重視されることは稀であった。桑原は自らを「リサーチ・ワーカー」と記し、この点でも「エクスペリメント」を行なっている。研究会についても毎回、所の内外の人材を集め、徹底的にディスカッションをすることを方針にしたという。

桑原は日本の人文科学のイノベーターであった。その意義が忘れられてはならないと思う。

7

水底に隠された「日本」を見つけた知の巨人――梅原　猛

梅原　猛（うめはら・たけし）

一九二五～二〇一九年、哲学者。

第八高等学校卒業後、京都帝国大学哲学科入学後、学徒出陣する。復員後、大学院に進学し田中美知太郎、山内得立に学ぶ。立命館大学から京都市立芸術大学に転じ学長に就任。その後国際日本文化研究センターの設立に尽力、初代所長に就任する。『隠された十字架』で毎日出版文化賞、『水底の歌』で大佛次郎賞を受賞。一九九九年には文化勲章も受章し、独自の古代史研究、日本研究を軸に梅原日本学の確立を目指した。

理解出来ないことを抹殺してしまうのは、一つの暴力でしかない

（梅原猛『水底の歌　柿本人麿論』（上）、新潮文庫、一九八三年、二一〇頁）

梅原猛という人物を、日本のアカデミズムはうまく理解できずにきたのではないか。どうもそういう気がする。梅原自身が指摘するように、人は自分がうまく理解できないものを、あたかも存在しなかったように扱う。筆者自身、これまで梅原の良き読者であったとは言い難いが、この独特な「知の巨人」にどこか心ひかれるものを感じてきた。それをなんとか言葉にしてみたい。

『隠された十字架』

いや、そんなことはないという反論もあるかもしれない。梅原は洋の東西をまたがる壮大な哲学体系を志し、文化功労者に選ばれ、文化勲章を受章した碩学である。国際日本文化研究センターの初代所長になるなど、その業績は広く学界において認められている。とくに『古事記』や『日本書紀』、『万葉集』などの世界を独自の視点から分析した研究は、「梅原日本学」とまで呼ばれている。アカデミズムによる無理解を指摘するのは適当でない、というわけである。

しかしながら、肝心の「梅原日本学」についても、学界の対応は微妙である。例えば『隠された十字架』における、法隆寺は聖徳太子一族の鎮魂の寺であるという仮説、あるいは『水底の歌』における、柿本人麿は流刑の地である石見で刑死したという仮説は、いずれも梅原の主張の根幹であるが、広く認められているとは言い難い。国文学、考古学、歴史学からの批判があり、その

若草伽藍の発掘風景（『法隆寺　日本仏教美術の黎明』より）

後、再評価が進んでいるわけでもない。

が、本来は神事を司る家系であった中臣氏出身の藤原鎌足・不比等の親子が、仏教を推進した蘇我氏を大化改新で滅ぼす一方、聖徳太子を聖人とすることで仏教を国家に取り込み、仏教と神道の「宗教改革」によって自らの権力を確立していったとする史観は興味深い。聖徳太子一族の撲滅に加担しつつ、その罪を蘇我氏にすべて押しつけ、聖徳太子神話を巧みに政治利用したという藤原氏の像は、はたして全否定されるべきものなのか。

また、天皇や天皇に近い人々の死を悼む挽歌を多く詠んだことに柿本人麿の本質を見出し、その彼が都から遠い地で死んだことの背景に政争の存在を想像することは、荒唐無稽な想像といえるのか。『万葉集』編纂において存在感の濃い人物に、

法隆寺西院伽藍（『法隆寺　日本仏教美術の黎明』より）

橘諸兄や大伴家持など、藤原氏と対抗関係にあった人々が多いことに着目し、この歌集を古代の素朴な人々の詠唱ではなく、むしろ極めて政治的色合いの濃いものとして理解するのは邪道なのか。

全くの門外漢である筆者に踏み込んだ議論を展開する能力はないが、史書、歌集、建築、宗教、政治を自由に行き来する梅原の想像力に関心を持つものとしては、アカデミズムによる梅原説の本格的な再検討に期待してしまう。

それにしても、梅原の学問において目立つのは、非業の死、呪い、恨み、怨霊、祟りである。そして日本の古代に明るさや無邪気さ、素朴さを見出す明治以来の流れ（斎藤茂吉に代表される）に反発する一方、儒学の影響を受けた国学による合理主義的な文献解釈（契沖や真淵らの「合理主義的偏向」！）を批判する。

梅原にとって、日本の文化の根源にははるかに非合理的なものがあった。ギリシア悲劇に「ディオニュソス」的なものを見出したニーチェにならうように、梅原は古代日本文化における隠された意味を読み解こうとした。梅原にとって、法隆寺の建築も『万葉集』の歌も、人間の死を鎮魂し、死後の世界を荘厳にするものにほかならなかった。

古代日本文化の根底に死をめぐる多様な思惟を見出し、これを藤原不比等ら権力者による秩序化の思想と対比した梅原の独自の思考は、あるいは人間の死の問題を直視しようとしない、現代日本文化への批判だったのかもしれない。

梅原をどう解釈するかは、残された我々の課題である。

8

土着と外来をめぐるアンビバレントな思想——上山春平

（斎藤清明『京大人文研』より）

上山春平（うえやま・しゅんぺい）
一九二一〜二〇一二年、哲学者。
台湾生まれ、台北高等学校卒業ののち、京都帝国大学哲学科入学、その後学徒出陣。戦争末期、人間魚雷回天の乗組員となる。戦後京都大学教授、京都市立芸術大学学長、京都国立博物館館長を歴任。アメリカのプラグマティズムの研究から日本論、国家論の研究に転じる。梅原猛、梅棹忠夫とともに「新京都学派」の一人。

ある善きものを選びとることは、他の善きものを失うことである

（『上山春平著作集』第一〇巻、法藏館、一九九五年、一六頁）

本書の梅棹忠夫の頃で「新京都学派」について触れた。西田幾多郎や田辺元に連なる哲学者たちが旧京都学派であるとすれば、戦後の京大人文研に集まった、自然科学から人文・社会科学に及ぶゆるやかな知識人たちを新京都学派と呼ぼうというわけである。

もしこのようなグループ化が可能であるとすれば、その中心的人物と目されるのは桑原武夫で

『日本の思想』

あり、梅棹忠夫であろう。あるいは今西錦司かもしれない。しかし、今回取り上げる上山春平こそが、実は旧京都学派から新京都学派へと至る思考をもっとも象徴的に示しているのではないか。そんな思いから以下の文章を書いてみたい。

上山は、日本の統治下にあった台湾で生まれた。京大文学部に進み、田辺の下で哲学を学んで、カントのカテゴリ論を研究している。やがて空海を中心に仏教に目覚め、次にマルクス主義へと関心が向かい、さらにパースをはじめプラグマティズムに注目するに至った。現代の感覚からすれば、随分と思想的振幅が大きいように見えるが、戦後直後の状況を思えば、このような混沌とした知のあり方こそが、その可能性であったとも言える。

上山はパースへの関心から鶴見俊輔を知り、思想の科学研究会に参加している。さらにその鶴見の後任として、桑原の招きで京大人文研に就職することになる。本来は哲学畑出身の上山が、やがて梅棹の『文明の生態史観』や、今西の「棲み分け理論」として知られる生物研究の影響を受け、独自の思想研究を展開したのが興味深い。ちなみに上山の古代日本研究においては、これもすでに取り上げた梅原猛と同じく、藤原不比等がキーパーソンとなっている。さまざまな意味で、新京都学派の結節点にいたのが上山であると言っても、さほど無理はないだろう。

現在の鴨川（今西はこの流れのなかから「棲み分け」を発見した）

上山の思考の特質をよく示す著作に、『日本の思想——土着と欧化の系譜』（サイマル出版会、後に岩波書店同時代ライブラリー）がある。上山が丸山眞男の同名タイトルの本をどれだけ意識したかはわからないが、中江兆民、

洛北セミナーで上山春平と今西錦司（斎藤清明氏提供）

狩野亨吉、西田幾多郎、今西錦司を並べ、「土着」の思想の系譜として論じているのが印象的である。彼らはいずれも欧米の思想や学問、その課題を受け止めつつ、これをむしろ東アジアの伝統思想と結びつけることで独自の思想を築いたとされる。

このうち中江、狩野、西田は、神の存在と霊魂の不滅、そして自由意志論を中核とする西欧思想に対抗し、むしろ大乗仏教の思想に好意を持ち、自然主義と唯物論から出発したと上山は論じる。そして（本人は迷惑だったかもしれないが）今西を西田の思想的伝統の上に位置づける。旧京都学派の影響を重視する点、日本の思想を欧米のみならず東アジアやユーラシアの伝統思想と関連づける点、人間の思考を環境や生態と結びつけて捉える点、戦前と戦後の断絶よりは連続性を重視する点などにおいて、上山の思考の特質が見られるだろう。そして、それはある程度、新京都学派一般に通じる特質なのかもしれない。

上山は日本の文化の特質をネガの役割において捉える。外来の文明を次々と摂取し、それを同時に変容させることで、独自の思想を築いてきたという点で、丸山のいわゆる「古層」論と通じるものがある。が、丸山のそれが批判的なニュアンスを帯びるのに対し、上山はむしろ肯定的で、楽観的である。

ただし、上山の思考を単に楽観的なものとして捉えるのは違うかもしれない。菅原潤『上山春平と新京都学派の哲学』（晃洋書房）が指摘するように、上山は戦争中に人間魚雷回天に乗り込むなど、死地を潜り抜けている。冒頭に掲げたのは上山が好んで引用したパースの言葉だが、外来の多くの思想を選び取り、それによって多くを失ったとしてもなお進んできた日本の「土着」思想への、両義的な思いが込められているのかもしれない。

9

西と東を融合させた国民作家——司馬遼太郎

司馬遼太郎（しば・りょうたろう）
一九二三～一九九六年、小説家・評論家。大阪市生まれ、大阪外国語学校（現大阪大学外国語学部）に入学後、学徒出陣で繰り上げ卒業する。復員後、新日本新聞入社、産経新聞に転じた。産経新聞宗教担当記者時代に『梟の城』で直木賞を受賞し、その後、『竜馬がゆく』『国盗り物語』『坂の上の雲』など代表作を世に問い、『街道をゆく』などの随筆、紀行文で日本の文明を鋭く批評した。

鎌倉幕府がわれわれの倫理観とか、われわれが持つリアリズムの先祖だと思っているんです。

（司馬遼太郎『対談集　東と西』朝日文庫、一九九五年、一八八頁）

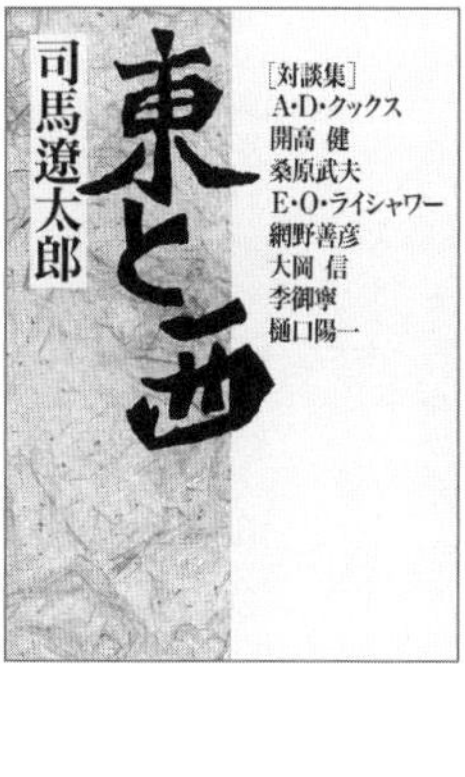

司馬遼太郎というと、「関西の人」というイメージがある。自宅があり、現在は隣接して司馬遼太郎記念館があるのも、河内小坂である。大阪東郊のこの地を愛した司馬は、どれだけ東京での用事が増えても、生活と仕事の拠点を移そうとはしなかった。その原点は記者時代にあるのかもしれない。文化部に属し、寺と大学を担当したという司馬にとって、東西の本願寺や京都大学な

どでの日々が修行時代であった。伝奇的小説から出発し、歴史小説家としてついに「国民作家」と呼ばれた司馬であるが、最後まで関西という地を生活と思索の基盤とすることは変わらなかった。

そのような司馬がライフワークの一つとしたのが週刊朝日の「街道をゆく」の連載である。最終的には単行本四三巻に及び、中国や韓国、バスクやアイルランドにまで及んだその旅路の初回が「湖西の道」であったのは偶然ではあるまい。近江という「あわあわとした国名を口ずさむ」だけで詩情がわくという司馬は、とくに湖西の道を選び、朽木へと足を運んでいる。続いて母親の実家があったという竹内街道を選ぶなど、司馬の連載の当初のねらいは、彼にとっての生活圏とつながる、馴染みのある関西の地を巡ることにあったと言える。

実際、司馬が「街道をゆく」で訪れた地を地図にしてみると、関西を中心とする西日本が多い。東北や北海道もまた、彼にとっての関心の対象であったことは間違いないが、東京を含む関東地方で訪れた地は驚くほど少ない。連載の後半、神田や本郷界隈を巡ることになるが、その際もテーマは明治の文明開化であって、関東地方そのものではなかった。司馬にとって、関東はどこか「遠い地」だったのかもしれない（四二巻の『三浦半島記』はその重要な例外である）。

ただし、司馬の日本史の認識が「関西的」であるとも言い切れない。司馬には、開高健やエド

週刊朝日　80

新連載
紀行

街道をゆく（第1回）

司馬遼太郎　え・須田剋太
（題字　棟方志功）

楽《さき》浪《なみ》の志賀

「近江《おうみ》」

というこのあわあわとした国名を口ずさむだけでもう、私には詩がはじまっているほど、この国が好きである。京や大和がモダン墓地のようなコンクリートの風景にコチコチに固められつつあるいま、近江の国はなお、雨の日は雨のふるさとであり、粉雪の降る日は川や湖までが粉雪のふるさとであるよう、においをのこしている。

「近江からはじめましょう」

というと、編集部のH氏は微笑した。おなじ好きなように、という合図らしい。

はるかな上代、大和盆地に権力が成立したころ、その大和権力の視力は関東の霞ケ浦までは見えなかったのか、東国といえば岐阜県からせいぜい静岡県ぐらいまでの範囲であった。岐阜県は、美濃という。ひろびろとした野が大和からみた印象だったのであろう。

さらには静岡県の東半分は駿河で、西半分は遠江《とおとうみ》という。浜名湖のしろじろとした水が大和人にとって印象を代表するものだったにちがいない。遠江は、遠《とお》つ淡海《あわうみ》のチヂメ言葉である。

それに対して、近くにも淡海がある。近つ淡海という言葉をちぢめて、この滋賀県は近江の国といわれるようになった。国のまんなかは満々たる琵琶湖の水である。もっとも遠江はいまの静岡県ではなく、もっと大和にちかい、つまり琵琶湖の北の余呉《よご》湖《うみ》やら賤《しず》ケ岳のあたりを指した時代もあるらしい。大和人の活動範囲がそれほど狭かったころのことで、私は不幸にして自動車の走る時代にうまれた。が、気分だけはことさらにそのころの大和人の距離感覚を心象のなかに押しこんで、湖西の道を歩いてみたい。

ちなみに湖東は平野で、日本のほうぼうからの人車が走っている。新幹線も名神高速道路も走っていて、通過地帯とはいえ、その輻輳《ふくそう》ぶりは日本列島の朱雀《すざく》大路のような体《てい》を呈しているが、しかし湖西はこれがおなじ近江かとおもうほどに人煙が稀れである。

「湖西はさびしおすえ」

と、去年、京都の寺で拝観料をとってい

る婦人がいった。そのあたりに彼女の故郷の村があるらしく、あれはもう北国どす、と言い、何か悲しい情景を思い出したらしく、せわしくまぶたを上下させた。「そこへゆくと、京はにぎやかで」といって、私から百円の料金をとりあげた。

たれか道連れがほしいと思い、この県の民俗調査をやっている菅沼晃次郎氏と大津で落ち合った。私より四つほど若く、車内で同席するなり、

「速記から民俗学に入りましてん」

と、そんなぐあいに自己紹介された。大阪うまれで、いかにも大阪人らしい率直な物の言い方であった。怪態《けったい》なはなしで、と菅沼氏はいう。昭和二十四年ごろでしたやろか、ええ暑いころです、大阪城のそばの馬場町の営林局の宿舎で柳田国男先生と折口信夫先生の民俗学の講演会がありまして、といわれる。

あられ
おかき
茜屋
あかねや
道頓堀店・梅田新道店・祇園店
有名百貨店銘菓売場

「街道をゆく」連載第1回
（『週刊朝日』1971年1月1日号）

エドウィン・ライシャワー

開高健

ウィン・ライシャワーらとの『東と西』という対談集がある。その中に歴史家の網野善彦との対談も収録されているが、そこでの議論が興味深い。

網野によれば、伝統的に東京系の歴史学者が、鎌倉幕府や江戸幕府の成立を大きな歴史の区分としたのに対し、京都系の学者は南北朝を重視してきたという。東京系が東国の武士によって律令国家が「壊された」ことに積極的な意味を見出す一方、京都系は武士はむしろ王朝国家に「取り込まれた」と考えたのである（井上章一も同様の対比を論じている。https://www.suntory.co.jp/sfnd/webessay/essay/20180330.html）。

この網野の問題提起に対し、司馬は俄然、関東における武士の成立を強調する。関東平野を開拓し、そこに生まれた武士たちのリアリズムこそが日本の歴史を独自のものとしたのであり、武士たちの倫理観こそが、日本人の精神的背骨になっていると司馬は説く。これに対し網野は「司馬さんは西なんだけれど…」と苦笑する（ちなみに網野も山梨県出身だが、南北朝を重視する）。

おそらく司馬は戦争経験を通じて、陸軍組織に対する嫌悪感を強く持ったのであろう。司馬は一貫して、抽象的観念に酔う組織を嫌い、健全なリアリズムを持つ機能的集団を愛した。それが勃興期の戦後日本の企業文化やその気風と連動した一因ともなったわけだが、その原型は関東の武士たちであった。

高田屋嘉兵衛

その意味で、司馬において重要なのは、あくまで関西的な生活感覚や地理感覚を持ちつつ、それを関東武士を重視する歴史観と融合させたことにある。その意味でも、司馬はまさしく「国民作家」であった。

ただし、司馬の史観は農本主義にとどまるものではなかった。『竜馬がゆく』で海援隊を描き、『菜の花の沖』で高田屋嘉兵衛を描いた司馬は、あくまで海とつながる歴史像の持ち主であった。大陸へとつながる海の史観は、ある意味で、西日本的と言える。その司馬が関東武士を高く評価したことが面白い。司馬において海と陸、西と東はどうつながっていたのであろうか。

Ⅱ　ダイナミックな「知」の遊泳

10

民から築き、一国の文明を興す——福澤諭吉

福澤諭吉（ふくざわ・ゆきち）

一八三五〜一九〇一年、思想家・政治家・慶應義塾創立者。

大坂堂島新地の中津藩藩邸にて生まれる。一九歳で兄の薦めで長崎に遊学。その後大坂の緒方洪庵の適塾でも蘭学を学ぶ。その後江戸に出て蘭学塾「一小家塾」を開く。また幕府使節団の一員として二度の訪米と一度の訪欧を行う。明治維新後、蘭学塾を慶應義塾とし多くの学生を受け入れ、後進の指導に邁進しつつ、『学問のすゝめ』を刊行し当時のベストセラーとなる。

一国の文明は、政府の政と人民の政と両《ふた》つながらその宜《よろしき》を得て互に相助るに非ざれば、進むべからざるものなり

（「学者安心論」『福澤諭吉著作集』第5巻、慶應義塾大学出版会、二〇〇二年、二〇六頁）

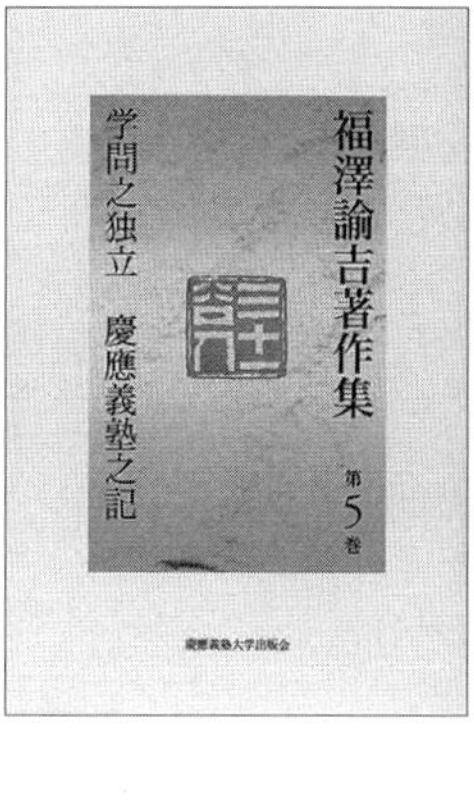

福澤諭吉は、大阪（坂）の堂島新地で生まれた。父百助が商人を相手に藩の借財を処理する職務にあったことから、豊前国中津藩の蔵屋敷がその生誕の場所となったのである。儒学者であった百助は身分の格差の激しい同藩で苦労し、諭吉が後年「門閥制度は親のかたきで御座る」（『福翁自伝』）と語ったことは有名である。中津に戻ってからもいじめにあった諭吉は、やがて長崎に

生誕の地（旧中津藩蔵屋敷跡，大阪市福島区）

出て蘭学を学び、中津に戻れとの指示に反して江戸へと向かった。結果的に途中の大阪で緒方洪庵の適塾に入ったのだから、やはり大阪の水があったのだろう。

やがて江戸に出て蘭学塾を開いた諭吉は、咸臨丸で渡米、幕臣洋学者となる。一時は「大君のモナルキー」、すなわち将軍主導による強力な統一国家の建設と近代化を目指した諭吉であるが、幕府の瓦解により、その構想は虚しいものとなった。ただし、諭吉が独自の知識人としての道を歩み始めるのはその後である。同じく幕府による改革に期待した他の洋学者たちが新政権に出仕し、新たな藩閥政府の下での国家機構の形成に協力したのに対し、諭吉はこれを辞退し、以後も官職につくことはなかった。彼は新たな国民国家の建設というビジョンを共有しつつ、官ではなく民の立場を選んだのである。

適塾跡（大阪市中央区）

松沢弘陽『福澤諭吉の思想的格闘』（岩波書店）は、英国で諭吉が自発的結社の活動に関心を抱き、「社中」という言葉で表現していることに着目している。慶應義塾もまた「社中」として出発したのであり、諭吉は自分が「学校の先生」ではなく、生徒も自分の「門人」でないと強調している。現在でも慶應義塾大学では、教員を先生と呼ばず、「君」と呼ぶことが知られている。一般には、「先生」は諭吉だけであり、他の教員は「君」と呼ぶと説明されるが、諭吉自身、自らを「先生」ではなく、同じ社中の同志と考えていたことがわかる。

諭吉が「演説」や「討論」という言葉をつくり出し、演説場を建設するなどして、その実践を日本に広めようとしたこともよく知られてい

現在の慶應義塾大学

る。一方的な講義ではなく、自分の考えをまず人に理解してもらい、その上で相互の異見をぶつけ合うことで社会全体の知を高めていこうとしたのが諭吉の意図であった。人々が平等な立場で学び合う場所が彼にとっての「社中」であり「塾」であった。

その意味で、近代日本における西洋知の伝統を築いたのは適塾であり、慶應義塾であって、明治政府によって作られた帝国大学はそれを後追いしたに過ぎない。諭吉はいう。政府が学校を設立すれば大学というが、民間では塾という。しかし、その本質は同じであり、違いはない。政府で大蔵省というのは、民間でいう帳場であるのと同じである。政治にしても国政ばかりが政治ではなく、人民の政治もある。両方があってこそ、一国の文明は発展するのである。新政府の官僚になるのではなく、あくまで民間にあって公共の議論とそれを担う人材育成に励んだ諭吉ならではの言葉であろう。

吉見俊哉もまた、西欧で発達した「ユニバーシティ」を明治日本が「大学」と訳したことに問題の起源を見出す（『大学という理念　絶望のその先に』東京大学出版会）。漢代に儒学が国家イデオロギーになる際に用いられた言葉が「大学」であり、日本の古代律令国家がこれを採用し、明治維新の結果、再び復活することになった。しかし、本来の「ユニバーシティ」の意味をよく伝えるのは、むしろ適塾や松下村塾、そして慶應義塾のいう「塾」であるという指摘は、今日あらためて考えるべき主題であろう。

明治政府に対抗してあえて民の立場を選び、「人民の政」の発展に尽くした諭吉こそ、現代に生きるに私たちにとって「知」を考える上でのモデルかもしれない。

11

不完全さを想像力で補うアート——岡倉天心

（『岡倉天心アルバム』より）

岡倉天心（おかくら・てんしん）

一八六三〜一九一三年、思想家。

福井藩士、岡倉覚右衛門の次男として生まれる。本名は覚三。東京大学卒業後、文部省音楽取調掛となる。その後、アーネスト・フェノロサとともに日本美術及び奈良の古寺の調査を行う。一八八七年東京美術学校を開校し初代校長となる。その後美校を排斥され、日本美術院創設。またタゴール、ヴィヴェーカーナンダ、ビゲローと交流し、ボストン美術館日本美術部に迎えられる。英文で『茶の本』『東洋の理想』『日本の目覚め』を発表し、日本美術を世界に広めた。

茶道の要義は「不完全なもの」を崇拝するにある
（『茶の本』岩波文庫、一九二九年、二二頁）

今日、岡倉天心（覚三）は評価の難しい人物である。確かに明治における近代国家の形成にあたり、「日本美術」の概念を打ち立てた功績は否定しがたい。近代化とはすなわち欧米化であるとして疑わなかった時代に、上司でありパトロンであった九鬼隆一や、師であり同志であったアーネスト・フェノロサとともに、日本の伝統美術を「再発見」し、その存在を世界に対して訴え

フェロノサの官舎（旧前田藩加賀屋敷内にあった）
（『岡倉天心アルバム』より）

たことの意味は大きい。横山大観や菱田春草、下村観山らを育て、「日本画」という分野（それはもちろん、明治における新たな創造物であり、日本の伝統的絵画と同じではない）を打ち立てたのも、天心の大きな遺産であろう。

フェノロサが日本に来たのは二五歳のときである。彼が東京大学で講じたのは政治学や経済学、哲学であって美術ではない。そのフェノロサが日本美術に関心を持ち、一〇歳若い天心を助手にして、ともに古寺の美術品を調査して回ったのは、まさに青年の企てであった。やがては法隆寺夢殿を開扉させ、秘仏であった救世観音菩薩像を公開させたのも、若さゆえの蛮勇であったのかもしれない。その彼らが、日本の仏像を「美術品」として見る眼差し自体を生み出したのは、今日あらためて再検討すべき歴史的

法隆寺夢殿救世観音像（『稿本日本帝国美術略史』1901年より転載）
（『岡倉天心アルバム』より）

な出来事であったと言える。

一方、天心の「アジアは一つ」(『東洋の理想』)という理念は、それが後に大東亜共栄圏を支えるスローガンとして利用されたことはともかく、さらには西洋的なオリエンタリズムを内面化したものとして批判が可能であることは別にしても、何とも言えない複雑な感情を現代の私たちに与える。この理念が同時代においてインドのタゴールらに与えた感動を、現代の私たちが追体験することは容易でない。この理念はあまりにも「政治的」であり、その政治性ゆえに、今日、天心の評価は難しいものとなる。

その意味で、天心を理解する上で、『茶の本』はいまやもっとも手を出しやすい本かもしれない。もちろん、この本もまた天心のナショナリズムの産物であるということは容易い。明治のその後のエリートたちが、日本語で西洋を学んだのに対し、天心たち明治の第一世代は、お雇い外国人教師から英語を通じて西洋を学び、やがて西洋の読者に向けて日本や「東洋」を英語で表現しようとした。そこには彼らの若々しいナショナリズムを見出せる。

それでも、彼らの作品は――その流麗な英語とともに――後の独善的な日本論とはまったく異質な精神的美質を持っていた。彼らには、西洋的な概念やカテゴリーを使った上で、自分たちの文化や歴史が一つの誇るにたる精神文明であることを説明したいという切実な思いがある。そこ

MADAME KUKI, WIFE OF THE JAPANESE MINISTER TO THE UNITED STATES.
FROM A PHOTOGRAPH BY RICE.
RIUICHI KUKI, JAPANESE MINISTER TO THE UNITED STATES.
FROM A PHOTOGRAPH BY JORDAN.

九鬼隆一と夫人（マダム・クキの肖像）
（アメリカの新聞に掲載されたもの，木口木版，『岡倉天心アルバム』より）

にあるのは傲慢な自尊心ではなく、精神的な緊張感である。その緊張感こそが、彼らの著作を今日なお読むにたるものとしている。

本の冒頭で、天心は茶道のポイントを「不完全なもの」の崇拝に見出す。人生を思うようにならないものとした上で、その人生のうちで可能なものを実現する「やさしい試み」として茶道を位置づける。これは面白い説明だろう。人間の愚かさや人生のままならなさを強調しつつ、だからこそ人間存在の不完全さを、器や花、狭い茶室や周りの風景に対するささやかな工夫と想像力によって補い、豊かなものとすることの重要性を説いているのだから。茶道は芸術であり、宗教であり、生の技法（アート）である。大切なのは不完全性を愛し、尊重することである。

伝記などを読むと、九鬼隆一にせよ天心にせよ、女性関係を含め、かなり人格的に問題があった人のようである。その人生は自覚的・無自覚的にきわめて政治的であった。しかし、そのような彼らが最後に行き着いたのがこのような境地であったとすれば、とても興味深い。

12

隔てられた運命に抗した抵抗と気概——九鬼周造

九鬼周造（くき・しゅうぞう）
一八八八～一九四一年、哲学者。
文部官僚九鬼隆一の子として生まれる。第一高等学校、東京帝国大学哲学科を卒業。渡欧しリッケルト、ベルクソン、マルティン・ハイデガーに学ぶ。「実存」の訳語を定着させるなど、日本におけるハイデガー哲学の受容に貢献した。ヨーロッパの長期留学から日本の美術、文化に興味を持ち、京都大学で教鞭を取りつつ、祇園から大学に通勤し、花街の粋を現象学で把握しようと『「いき」の構造』を刊行、哲学の古典として今なお読み継がれる。

「いき」は過去を擁して未来に生きている

（『「いき」の構造　他二篇』岩波文庫、一九七九年、八三頁）

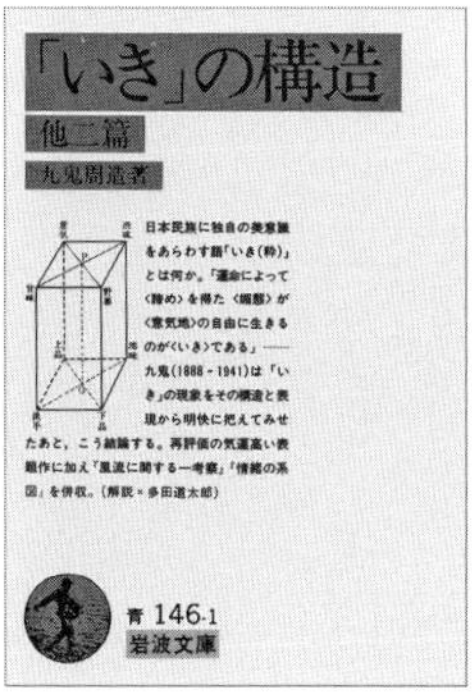

正直に白状すると、筆者は「いき」な人間ではない。「いき」がわからない人間である。もっとも「私は野暮です」というのも、それはそれで洗練されていない自分を誇る部分があると九鬼はいう。自分は野暮だと居直るほどには、強い自負を持たない筆者など、さしずめ「いき」にも「野暮」にもなれきれない中途半端な存在なのだろう。

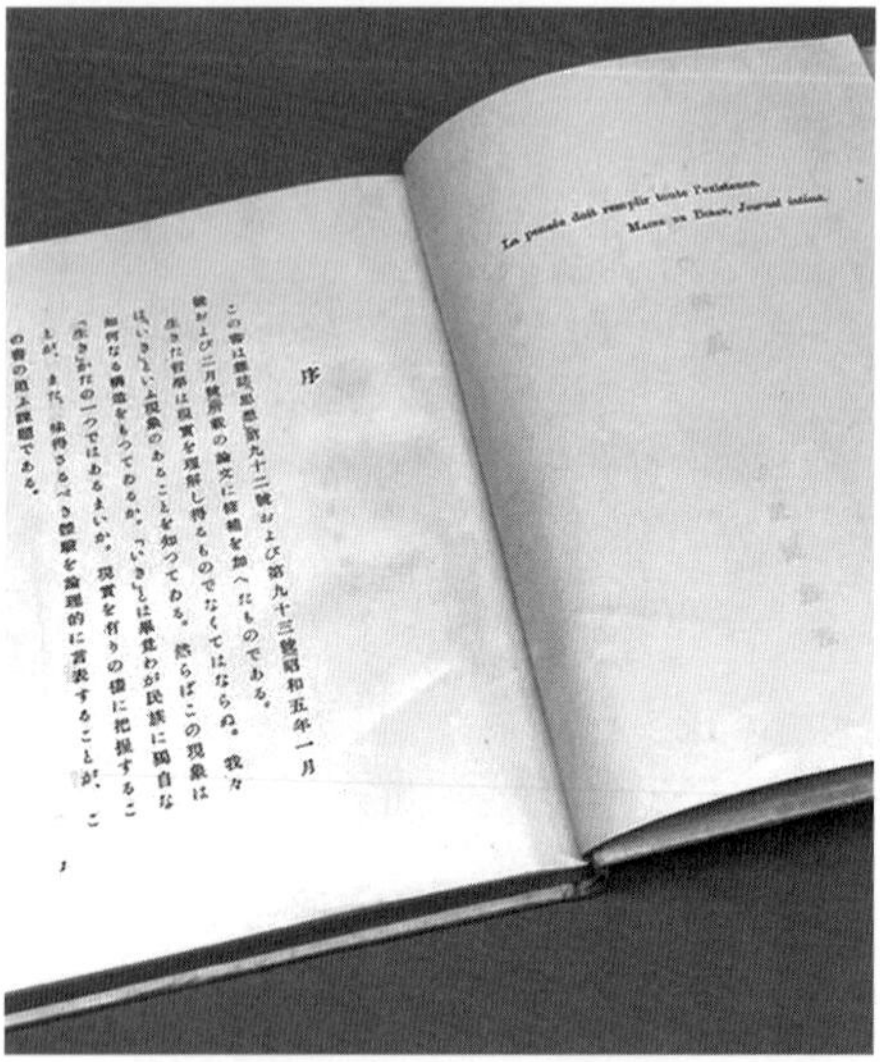

『いきの構造』初版本の序（メーヌ・ドゥ・ビランの箴言）

例えば九鬼は、湯上り姿を「いき」だという。「あっさりとした浴衣を無造作に着ている」ところがそうだと言われるとわかるような気もするのだが、西洋絵画では湯に入っている女性の裸体画はあっても、湯上り姿はほとんど見出せないという比較文化論になるとお手上げである。

また素足も「いき」の表現になるという。江戸芸者などは冬も素足を習いとしたとする九鬼は、着物に全身を包みつつ足だけを露出するのがポイントだとする。これもわかるような気がするが、全身を裸にして足だけに靴下や靴を履く「西洋風の露骨さ」の逆だとまでいわれると途方に暮れる。

九鬼は、前回も触れた九鬼隆一の四男である。隆一は摂津三田藩の家臣の子として生まれ、藩主の九鬼隆義に認められ、親戚筋にあたる綾部藩の家老九鬼家の養子となった人物である。福澤諭吉の推薦によって発足まもない文部省に出仕し、初期の文部行政を牛耳ることになったように、まさに明治の野心的な立身出世者の一人であった（後に福澤の怒りを買い、絶交されている）。

実にあくの強い父隆一であるが、アーネスト・フェノロサや岡倉天心の文化財調査を支援したのも彼であった。しかしながら、このことがあだとなり、天心は隆一の妻と不倫事件を起こし、周造もまた「実は天心の子ではないか」と噂されることになる。にもかかわらず、周造は天心に対し生涯複雑な感情を抱きつつ敬意を失わなかったという。ある意味で、周造には二人の「父」がいたということかもしれない（母の波津子は精神病院で亡くなっている）。

アーネスト・フェノロサ

東京帝国大学でケーベルに師事した周造は、後にドイツに留学し、新カント派のリッケルトの下で学んでいる。とはいえ、彼の関心はそこに止まることなかった。フランスに移ってベルクソンの面識を得て影響を受けるとともに、さらにはハイデガーの薫陶を受けるなど、周造が同時代のヨーロッパにおける哲学

マルティン・ハイデガー

の最先端に対する鋭敏な理解を持っていたことがわかる。若きサルトルとも親しく交わり、彼にドイツの現象学を紹介したのは周造だという説さえある。

京都大学で教鞭をとり、五三歳で早逝した九鬼であるが、世界の知の動向に通じた彼が、最終的に日本の伝統へと目を向けたのが面白い。「いき」についても、異性に対する「媚態」、自由と抵抗を示す「意気地」、さらに執着を離れた「諦め」から成るとした上で、「意気地」が武士道の理想主義に基づき、「諦め」が仏教の非現実性を背景にしていると説明する。最終的に「いき」を「垢抜けして（諦）、張のある（意気地）、色っぽさ（媚態）」と定義した九鬼にとって、それは江戸の伝統から遠ざかりつつある明治において、一つの文化的理想を示したものであったはずである。

伊藤深水《おぼろ月》1931年（「いき」とはこのような姿なのか）

が、今となっては、そのような抽象的で理屈っぽい説明より、不幸な形で母を失い、幸せな結婚をしつつも、自らの無軌道な行為によってそれを壊してしまった九鬼にとっての、一種の愛惜の感情表現として理解した方がわかりやすいかもしれない。それは間違いなく、はかなくて壊れやすい存在へと向けられていた。近づきたいと思いつつ、運命によってどこか隔てられ、それでも抵抗と気概を示したい。そのような思いを「いき」という概念に託して分析してみせた哲学者を、私たちはどう受け止めるべきか。

過去への思いを抱きつつ、それでも未来を生きるための「いき」という美意識を、今の時代において取り戻すことは、はたして可能なのだろうか。

13

神々や粘菌の森とともに——南方熊楠

(『南方熊楠アルバム』より)

南方熊楠（みなかた・くまぐす）

一八六七〜一九四一年、博物学者・粘菌学者。和歌山市に生まれ、和歌山中学卒業後、上京する。その後、アメリカに留学、ミシガン州農業大学（現ミシガン州立大学）に入学するも、専ら図書館で過ごす。退学後イギリスに転じ、大英博物館に出入りする。このころ土宜法龍（のちの高野山真言宗管長）、ロンドンに亡命中の孫文に出会う。帰国後もそれまで続けてきた植物、粘菌研究に勤しみ『ネイチャー』に論文を投稿する。また神社合祀反対運動も展開した。一九二九年、紀南行幸中に戦艦長門上にて昭和天皇に対してご進講を行った。

神々を潰しては到底風化も徳化も智育も、土地の人をして土地を愛し安住せしむることを得べからざる

（『南方熊楠随筆集』益田勝実編、ちくま学芸文庫、一九九四年、四七一頁）

夏目漱石、正岡子規、南方熊楠がいずれも慶応三（一八六七）年の生まれであることはよく知られた事実だろう。坪内祐三氏の快著『慶応三年生まれ七人の旋毛曲がり』は、さらに尾崎紅葉、幸田露伴、斎藤緑雨、宮武外骨を加え、幕末維新期の同じ年に生まれた七人の人生と仕事を振り返っている。このうちの漱石、子規、熊楠の三人は同じ年に大学予備門に入学した同級生でもあ

夏目漱石（明治19年頃）・正岡子規（明治28年）・熊楠（明治24年）
（『南方熊楠アルバム』より）

る。近代日本の知と思想に大きな影響を残した人々は、ずいぶんと身近な関係にあったのである。

背景にあるのは、江戸っ子である漱石、松山の没落士族の子規、和歌山の金物商の息子である熊楠を東京に集め、西洋式の教育を受けさせた明治の近代国家である。とはいえ、三人とも明治国家のシステムに違和感を覚え、程度の違いはあってもそこからドロップアウトしている点が共通している。そしてその苦悶から彼らの仕事が生まれたのだから、明治国家も手間暇をかけて、意図せざる形で日本の近代文化を築いたことになる。

坪内氏の本で面白いエピソードがあった。若き日の漱石と米英から帰国した後の熊楠はいずれも『方丈記』を英訳している。ただし、漱石訳が「硬い」のに対し、熊楠訳は「柔らかい」という。熊楠は日

大英博物館の図書館円型大閲覧室
（『南方熊楠アルバム』より）

本の教育システムから脱落し、米国の大学にも今ひとつ馴染めず、結局、「アマチュア」学者として英国の大英博物館図書室で膨大な文献を読んだ。さらに粘菌や隠花植物などの採集と分類を続けた。そのようにして自らの学問を築き上げた、熊楠ならではの語学力であったと言えるだろう（ちなみに熊楠は英国の「アマチュア」であることを誇りとする学者文化を高く評価している）。

それにしても、私たちは熊楠のあまりに大きな仕事をどのように理解したらいいのだろうか。生物学者として、民俗学者としての熊楠の業績

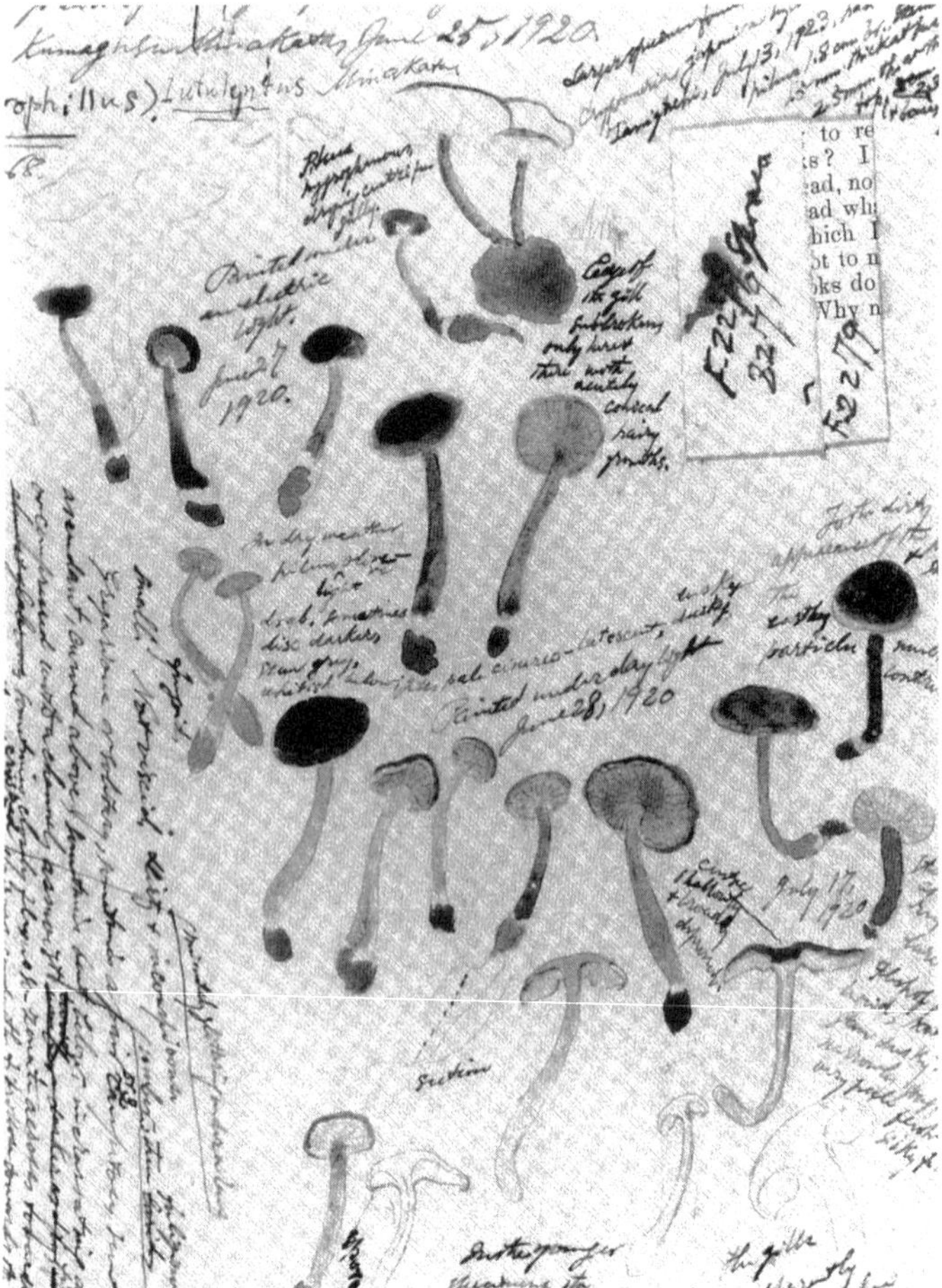

南方菌類図譜（F. 2279の部分図）

（『南方熊楠アルバム』より）

は言うまでもない。『ネイチャー』をはじめとする雑誌に多くの論考が掲載され、知的交流を繰り広げた知識人は実に数多い。民俗学者の柳田國男や高野山真言宗管長の土宜法龍との文通が有名であるし、中国革命の父孫文との友情や昭和天皇への進講など、その交流ネットワークは思いがけない人物にまで及んでいる（ロンドンで熊楠と意気投合した孫文は、後年、和歌山にまで会いに来ている）。しかし、やはり熊楠の本質は何かと言えば、古代ローマのプリニウス以来の博物学者の伝統の最後を飾った人物に思えてならない。

志なかばでロンドンを去り、故郷である和歌山の田辺に居を定め、フィールドワークと読書、論文執筆に励んだ熊楠が直面したのが、神社合祀問題であった。明治国家は中央集権的な政策の一環として神社の合祀を推し進めたが、三重県や和歌山県ではこれが特に顕著であった。多くの神社が取り壊され、神域にあった木々が切られることに耐えられなかった熊楠は、環境破壊と地域社会の人々の心のありようを危惧し、懸命の反対運動を展開した。

日本で環境運動やエコロジーの活動が盛んになるより、はるか前のことである。しかし熊楠は海外の理解者とも連絡をとりつつ、この活動に精力を傾けた。彼にとってそれは、単に神社とその森を破壊するばかりでなく、そこにいる神々や粘菌、さらにはそれらとの強い結びつきを持った地域の人々の精神を抹殺する暴挙であった。南方曼荼羅と呼ばれる独特なコスモロジーを構想した熊楠にとって、人々の心と自然環境は密接に結びつき、宇宙や世界の理と一体を成していた。官僚的合理主義による合祀政策は、彼にとって許し難いものであった。

しばしば奇人変人とされ、トラブルも多かった熊楠であるが、日本のみならず海外において、彼を信頼し、彼を支え続けた人々に恵まれた。近代日本において最も魅力的な知識人の一人だろう。

14

人生の悲哀から世界哲学へ——西田幾多郎

西田幾多郎（にしだ・きたろう）

一八七〇〜一九四五年、哲学者。

石川の加賀藩の大庄屋に生まれる。第四高等学校を中退後、東京帝国大学で哲学を学ぶ。同級生の鈴木大拙の影響で禅に打ち込む。その後、第四高等学校、京都高等工芸学校、京都帝国大学で教鞭を取る。仏教思想、西洋哲学の融合を試みて、一九一一年、『善の研究』を発表する傍ら、三木清、西谷啓治などの後進の哲学者を育て上げた。

個人あって経験あるにあらず、経験あって個人あるのである

（『善の研究』岩波文庫、一九五〇年、六頁）

近代日本が生み出したもっとも独創的な哲学者として、西田幾多郎をあげる人は少なくないだろう。筆者もまたその一人である。が、あえて問うとすれば、西田が独創的な哲学を打ち立てたとすれば、それはなぜか、ということになる。

その生涯を振り返れば、西田の生い立ちが決して恵まれたものではなかったことがわかる。石

川県の庄屋の家系に生まれた西田であるが、父の代に没落する。様々な事業に手を出し、失敗した父は、西田にとって悩みの種であった。

家庭内の不和に苦しんだ西田であったが、第四高等中学（後の第四高等学校）に入学し、鈴木大拙ら良き友人を得たものの、結局退学する。東京大学に入学したが、高等中学中退であったため選科生となり、様々な差別的な扱いを受けた。学士の資格を得ることなく故郷に戻った西田は、独力で自らの哲学を築いていくしかなかった。

以後、いくつかの教職をへて、最終的には京都帝国大学に迎え入れられたことで、西田の人生はようやく安定したが、以後も妻や子どもを続けて失うなど、彼の哲学のキーワードにもあるように、「悲哀」がその人生につきまとった。西谷啓治、三木清、戸坂潤ら多くの弟子を育て、後に京都学派と呼ばれるに至るが、西田はその名声を「虚名」と受け止めていた。留学することもなかった西田は、一人で本を読み、考え続けることで、独自の哲学を構想したのである。

しかしながら、西田の哲学を西洋哲学から独立した、「日本的」なものとして理解することには慎重であるべきだろう。確かに西田は禅の強い影響を受け、その哲学が宗教的な傾向を強く持つと言われたのは事実である。しかしながら、彼の哲学は同時代の世界を見れば、アメリカのウィリアム・ジェームズやフランスのベルクソンと強く呼応するものであった。

アンリ・ベルクソン

ウィリアム・ジェームズ

本稿の冒頭に掲げた西田の「純粋経験」も、ジェームズの「純粋経験」につながるものであったし、西田はさらにベルクソンの「純粋持続」にも深い共感を寄せた。その意味で、西田の哲学は同時代の世界哲学の円環の一つをなすものであり、そのような枠組みにおいてこそ西田の哲学を理解すべきであろう。もとより西田の「純粋経験」はジェームズのそれと同じではないし、そこには禅仏教の影響が強く見られる。そうだとしても、西田哲学を狭く「日本的」として捉えるのは偏った理解であり、西田の意志にも反する。

認識の主体としての個人があって世界を認識するのではなく、まずは経験が先行し、経験を通じて世界の中に個人が現れる。生まれたばかりの赤ん坊にとって、世界は不分明である。経験を通じて世界を認識する主体になるという話はよくわかるだろう。

しかも、西田の偉大さは、これに満足することなく探究を続け、「無の場所」や「絶対矛盾的自己同一」といった独自の概念を鍛え続けていったことにある。それだけ取れば抽象的だが、歴史によってつくられた個が歴史をつくり、自己を否定することで真の自己となるといった逆説的な論理は、どこか人を深く納得させるものを含んでいる。

敗戦後の荒廃の中で、西田の本を買うために人々が長蛇の列をなしたというのは、有名な逸話であろう。そこで人々が知的虚栄心に駆り立てられたとは思えない。人々は米やパンとは違う、それでも何か「腹を満たす」ものを求めたはずである。そこに自分たちが生きていく上で何かヒントがある、よくわからないがそこには何か重要なことが書かれている、だからそれを読んでみたい。

現代において、世の多くの読者にそのような願望を抱かせる哲学書、あるいは学術書が存在するのだろうか。考えてみて、複雑な気持ちにならざるをえない。

15

ネットワークの中で覚醒する知——鈴木大拙

（『鈴木大拙全集 第四巻』より）

鈴木大拙（すずき・だいせつ）

一八七〇～一九六六年、仏教学者。

金沢藩藩医の四男として生まれる。第四高等学校に進学するも中退し、東京専門学校、東京帝国大学に学ぶ。在学中、今北洪川、釈宗演に学ぶ。宗演の紹介で渡米、英訳の『大乗起信論』や英文の『大乗仏教概論』を著し、禅文化、仏教文化を世界に広めた。帰国後、神智学徒のベアトリス・レインと結婚、自身も神智学徒となる。また東京帝国大学、学習院、大谷大学で教鞭を取った。学習院での教え子に柳宗悦、松方三郎などがいる。のち、日本学士院会員、文化勲章受章。

鎌倉時代になって、日本人は初めて人生に対する痛切な反省をやったものである

（『日本的霊性』岩波文庫、一九七二年、一五二頁）

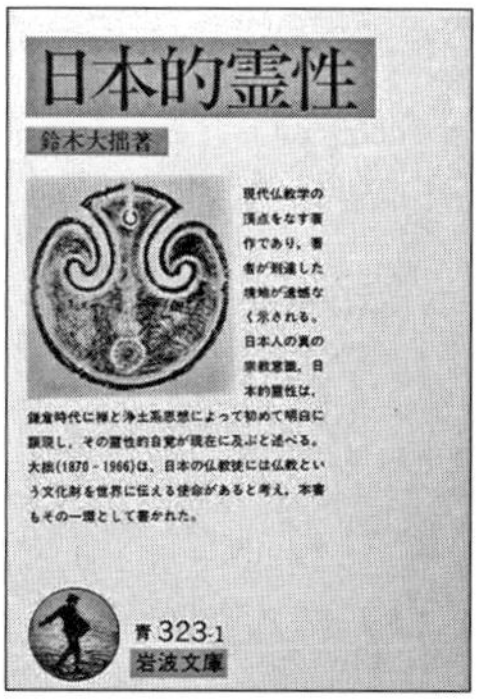

鈴木大拙は石川県の出身、前回取り上げた西田幾多郎と同郷である。石川県立専門学校以来の友人であり、東京帝国大学選科で苦労した軌跡も同じくする。学生時代から鎌倉円覚寺で参禅し、釈宗演から「大拙」の居士号を授けられたように、禅の教えに強い影響を受けた点でも西田と共通する。二人は生涯の友人であり、西田は大拙の『禅と日本文化』に寄せた序で「私は思想上、

君に負ふ所が多い」と書いているが、それははたしてリップサービスにとどまるものであったのだろうか。

しかしながら、両者の国際体験は大きく異なる。西田が生涯日本にとどまり、海外の地を踏むことがなかったのに対し、大拙は二〇代の後半から渡米し、一〇年以上の日々をそこで過ごした。仏教を中心に多くの書物を日本語から英語へ、そして英語から日本語へと翻訳し、のちに自らも両国の言葉で多数の本を執筆している。妻のベアトリス・レインは神智学徒であり、大拙の翻訳の助言者でもあった。大拙は西田と比べかなり長命であり、生涯の長きにわたり著作活動を続けたなどの違いもある。

ちなみに大拙が渡米したのは、ポール・ケーラスの依頼を受けてのものである。ケーラスはドイツ出身、アメリカで活躍した比較宗教学者である。アメリカで仏教についての知識を広めたケーラスであるが、一八九三年にシカゴで開催された万国宗教会議で釈宗演と出会い、その紹介で大拙を知ることになった。

ケーラスは雑誌『モニスト』を主宰し、仏教など東洋宗教をアメリカに紹介するとともに、新たな科学思想の論文を掲載するなど、スピリチュアルなものと科学の交差する結節点にいた。アメリカのプラグマティズムの思想家とも近く、レーニンにも思想的影響を与えるなど（安藤礼二

『大拙』）、当時のアメリカの知的世界の活力を示した。そのケーラスの助手として大拙が知的活動を開始した意味は小さくないはずだ。

何より、大拙の思想が「東洋」と「西洋」、「スピリチュアル」と「科学」が交わる場所において、「翻訳」と「編集」の営みを武器に展開されたことに注目すべきだろう。言い換えれば、禅と浄土系思想を中核に日本宗教史の著作を数多く執筆し、冒頭でも紹介した『日本的霊性』で広く知られる大拙であるが、彼の脳裏には海外の読者がつねにあったはずである。ケーラスの影響圏内においてウィリアム・ジェームズを知り、その「純粋経験」の考えを西田にも紹介した大拙は、国際的な知のネットワークの中にいた。彼の思想にはどこか日本を超えた性格がある。

そのような目で『日本的霊性』を読むと面白い。この本の構図はどこか時間 - 空間的である。浄土系思想はインドに生まれ中国にも存在したが、日本の地において法然と親鸞を経てはじめて浄土真宗的形態をとった。禅も日本においてこそ広く生活に浸透し、様々な精神文化へと展開した。日本にはもともと日本的な霊性（スピリチュアリティ）があったが、それが外来の浄土系思想と禅と出会うことによってようやく覚醒する。逆に言えば、日本の浄土系思想や禅は日本を超えたネットワークの産物であり、日本の地において一つの霊性として結実したと大拙は論じる。

一九四四年に執筆・刊行されていることからも明らかなように、この本はけっして政治的にイ

仙厓《○△□図》（出光美術館蔵）
（水墨画の巨匠第七巻『白隠・仙厓』1995年，講談社より）

ノセントなものではない。戦時中における戦争協力とも取れる大拙の発言と合わせ、彼の議論にオリエンタリズムや危ういナショナリズムを見つけることも可能である。

とはいえ、大拙の著作が日本語と英語のそれぞれの読者に大きな影響を与えたことは間違いない。知のネットワーク的性格や、科学や宗教の境界線上におけるスピリチュアルなものの探究は、近代日本の知の展開においてやはり特筆すべきものであろう。一方向的な翻訳が横行するばかりで、知的にはますます閉鎖的になりがちな現代日本の知的状況を見て、そう思う。

16

民藝という帝国日本へのプロテスト——柳　宗悦

（阿満利麿『柳宗悦』より）

柳　宗悦（やなぎ・むねよし）

一八八九～一九六一年、哲学者・美学者。東京麻布で海軍少将柳楢悦の三男として生まれる。学習院でドイツ語を西田幾多郎に英語を鈴木大拙に学ぶ。この頃白樺派の武者小路実篤や志賀直哉、バーナード・リーチとも知り合う。東京帝国大学文科大学に進学、オーギュスト・ロダンやウィリアム・ブレイクに傾倒、西洋美術・文学を研究する。卒業後、嘉納治五郎の誘いで千葉我孫子に転居、白樺派の面々が移住し、濱田庄司とも知り合う。その後雑誌『工藝』を創刊し、民藝運動を展開。人々の生活の中にある「用の美」を持った健康的な美しさを追求した。

美しさのために作った器よりも、
用のために作った器の方がさらに美しい
（『民藝とは何か』講談社学術文庫、二〇〇六年、六六頁）

柳宗悦は、海軍少将であった楢悦と、嘉納治五郎の姉であった勝子との間に生まれた。父楢悦は津の藤堂藩士の家に生まれたが、若き日より和算に通じ、明治国家の海軍においても海洋測量の分野で活躍した。数学のみならず諸芸に巧みであった楢悦は、日本の海を観測して回るなかで、各地の風俗や海産物にも広く関心を持ったという。博物学者で蒐集癖を持ったあたり、どこか息

白鳥庫吉

子である宗悦と共通するものがあるのかもしれない。

ただし、宗悦の生涯は海軍とも、あるいは軍国精神とも縁遠かった。さらに言えば、彼は柔道にも関心を示さなかった。学習院に進んだ宗悦は勉強家だったようだ。英語教師が鈴木大拙、ドイツ語教師が西田幾多郎、さらに東洋史は白鳥庫吉に学んだように、恵まれた知的環境を十分に享受した宗悦は、その後も鈴木や西田に敬意を持ち、生涯にわたり交流を続けた。

エマソンの「自己信頼」やホイットマンの『草の葉』、さらには神秘主義的な詩人ブレイクらを愛読した宗悦は、時代が時代であれば、落ち着いた雰囲気をたたえた英語教師として生涯を終えたかもしれない。実際、学習院の上級生であった志賀直哉や武者小路実篤らとともに同人雑誌『白樺』に参加した宗悦は、決して仲間と論争することがなく、もっぱら調停役だったという（もっとも家庭内ではしばしば癇癪を起こしたようだが）。

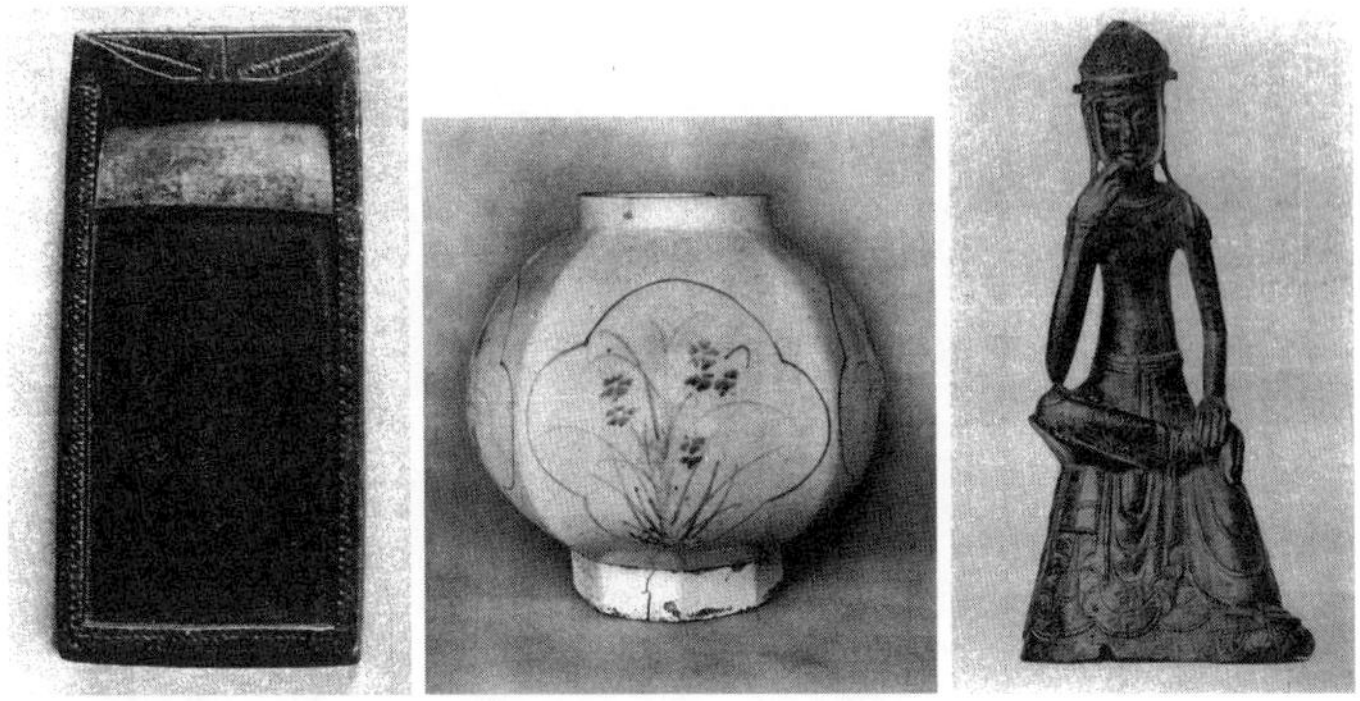

如意輪観世音（金銅），壺（染付），海東硯（『柳宗悦選集 4　朝鮮とその芸術』より）

宗悦の人生が転機を迎えたのは、朝鮮の工芸との出会いであった。李朝の仏像や陶磁器、名もなき職人の日用雑器の美しさに魅了された宗悦は、以後も足繁く朝鮮半島を訪れるようになる。一九二四年にはソウルで「朝鮮民族美術館」を開いたが、これはまさしく、後の日本民藝館の原点となるものであった。言い換えれば、宗悦にとって、日本の民藝との出会いに先行して、朝鮮半島の日用雑器との出会いがあったことになる。このことは、極めて重要な意味を持つだろう。

宗悦が朝鮮半島への関心を持ったのは、まさに帝国日本による韓国併合を受け、独立を求める三・一運動が高まっている時期であった。この運動に共感した宗悦は、メディアなどでこの問題について発言している。彼自身は決して政治的な人物ではなく、重要だったのはあくまで人々が日常的に使用する器の美しさへの開眼であった。

しかしながら、宗悦の民藝への着眼が、当時の国際政治、とくに日本の帝国主義に対する静かな抵抗としての側面を持ったことも無視できない。宗悦は後年、沖縄における独自の言語や芸術にも強くコミットし、戦争へと向かう時代にあって沖縄県庁から危険視されている。日本の帝国主義や、中央政府による地域文化の抑圧に対して厳しい姿勢をとるなかで、宗悦の民藝運動が形成されていったと言える。

宗悦の『民藝とは何か』は、彼の考える民藝の重要性についてわかりやすく解説した基本書であるが、原本の刊行は一九四一年六月とまさに戦争直前である。この本自体が、宗悦の時勢に対する静かなプロテストであったのかもしれない。民藝とは、普通の庶民が日常生活で使う工芸品である。名のある職人の銘が入った特別のものではなく、また美しさを追求した美術品でもない。まさに日々の「用」に応えることでこそ、器は美しいものとなる。個人による美の創造に至上価値を置く作為的な美意識を否定し、日常的な暮らしの中から生み出される自然な美にこそ注目する価値の転換であった。

いうまでもなく、背景にあるのは宗悦の宗教的な意識であった。朝鮮の工芸によって日本の民藝に目を開かされた宗悦は、その後、日本各地に木喰仏を残した木喰上人に関心を持ち、さらに踊念仏の一遍上人の研究を行うことになる。日蓮宗の家に生まれながら、最終的に浄土真宗へと

《地蔵菩薩》（『柳宗悦選集 9　木喰上人』より）

向かった宗悦にとって、仏もまた、グローバルな視点から再発見された日本の精神的遺産であったのだろう。

17

すぐそばにある、想像もできない「生の営み」

——柳田國男

（『柳田國男写真集』より）

柳田國男（やなぎた・くにお）

一九七五～一九六二年、民俗学者・官僚。中播磨の儒者で医師の松岡操の六男として生まれる。第一高等中学校、東京帝国大学法科大学に学ぶ。そのあいだ、兄井上通泰の伝手で、森鷗外や田山花袋、国木田独歩など交流、文学青年としてならした。大学卒業後、農政官僚として各地を出張で訪れるにつれて、そこに隠れた物語（歴史）を見るようになり、『遠野物語』を執筆、昭和初期に日本における民俗学のあり方を確立した。日本学士院会員、文化勲章を受章。日本民俗学の開拓者である。

我々が空想で描いてみる世界よりも、隠れた現実の方が遥かに物深い
（『山の人生』角川ソフィア文庫、二〇一三年、一〇頁）

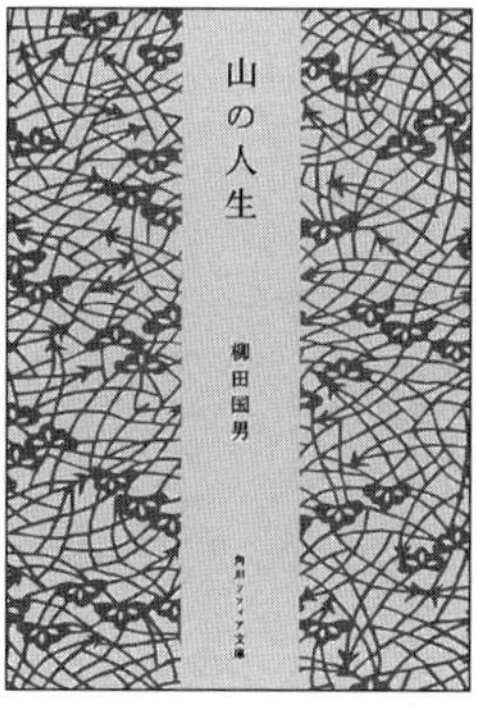

柳田國男は森鷗外とどこかイメージが重なるところがある。鷗外は島根県の津和野、柳田は兵庫県の辻川の出身であるが、幼少の頃より和漢の本を読むことに通じ、その後、明治の高等教育によって欧米の諸言語にも熟達した。若き日から文学においても才覚を示し、ロマン主義的傾向を持ったが、鷗外は陸軍軍医、柳田は農商務省の官僚となり、その職務を忠実に遂行した。それ

島崎藤村

田山花袋

ぞれ陸軍軍医総監、貴族院書記官長と明治の官僚システムにおいて成功を収めたが、官界での地位にそれほど強くこだわったようにも思えない。

ただし、鷗外が若き日のアンデルセンの『即興詩人』の翻訳から晩年の『渋江抽斎』などの史伝文学へとスタイルを変えつつ、生涯、文学への志向を維持したのに対し、柳田は若き日の抒情詩を封印し、明確な「歌のわかれ」によって田山花袋、島崎藤村らとの青春時代に決別した。柳田は鷗外に親しみを持ち、尊敬していたが、その文学的センスは農政官僚としての経験を通じて独特な民俗へのイマジネーションへと形を変えていったようだ。

柳田が官界に転じたと言っても、今日のような官僚をイメージすると間違えるだろう。東京帝国大学で農政学を学んだ柳田は、この分野が未発達であった当時にあって、大学卒業の時点において既に、その道の専門家であった。柳田にとって官僚とは、欧米の最先端の知識に通じる一方、日本の各地域の多様性をよく理解し、その時々の適切な政策を示すことができる存在であった。官庁の縦割りに閉じこもり、上からの命令に従うばかりで、画一的な施策を立案してそれを現場に押し付けるような官僚の姿は、柳田のそれと程遠い。柳田は日本各地を実に丹念に視察して回り、その実情から学ぼうとした。自立的な経営が可能な中規模の農家とその組合の育成を目指した官僚・柳田と、その後の民俗学者・柳田とは、必ずしも断絶していないのかもしれない。

大嘗祭奉仕の時（大正４年12月）
（『柳田國男写真集』より）

間引きの絵馬（利根町徳満寺）（『新文芸読本 柳田国男』より）

冒頭の文章は、『山の人生』から取った。官僚時代の柳田は、貧しさのあまり、二人の子どもを殺した男の事件に遭遇する。子どもの方から「自分たちを殺してくれ」と言われ、ふらふらとそうしてしまった父親の話に、柳田は衝撃を受けた。それが真実なのかはわからない。が、人が山へと消えてしまった話、逆にいなくなったと思われていた人が突然山から姿を現した話を、柳田は丹念に収集する。私たちが現実だと思っている世界は、そのすぐそばにある、想像もできない世界と隣接している。両者の境界は、決して絶対的なものではない。その意味で、『遠野物語』をはじめとする柳田の諸作品は、単なる民話の聞き取りでもなければ、まったくのフィクションによる想像物でもない。それは「隠れた現実」であった。その意味を、柳田は重く受け止めていた。

柳田は、農政学においても、あるいは民俗学においても、単に欧米の学問やフォークロアを日本に導入したわけではない。柳田の志は、日本の伝統社会における名もなき人々の生の営みを活かしつつ、それを明治の近代化において、新たな社会の要請に応えて発展させることにあった。その意味で、柳田は言葉の正しい意味での「保守主義者」であった。自立的な農民とその組合によって各地域に適した産業政策を実施し、分権的な日本社会を実現しようとした柳田は、朝日新聞で同僚となった政治学者・吉野作造らとともに普通選挙運動にも尽力した。そのような柳田が現在の日本を見たならば、どのように言うだろうか。

柳田はジュネーブで国際連盟の委任統治をめぐる仕事にも従事している。欧米の諸言語を読むことにたけた柳田も、さすがに話す方は思うようにならなかったようだが、同じ国際連盟の事務次長を務めた新渡戸稲造とも親しかった。国際的なネットワークにおいて思考する人物であった柳田の知的遺産を、私たちはあらためて評価すべきだと思う。

18

死と孤独と自由を見つめた哲学者——三木　清

三木　清（みき・きよし）
一八九七～一九四五年、哲学者。
兵庫県の生まれ。龍野中学から第一高等学校を経て、京都帝国大学に進み西田幾多郎に師事する。また、林達夫、谷川徹三らと交流する。一九二二年ドイツ留学、帰国後法政大学教授。一九三〇年日本共産党に資金提供した理由で逮捕され、法政大を退職した。治安維持法違反の高倉輝が仮釈放中に三木の疎開先を訪ねた折、金銭的援助を行ったゆえ、検事拘留処分を受け、豊多摩刑務所に収監される。収監中、疥癬を罹患、持病の腎臓病が悪化したこともあり、獄中で死亡。

すべての人間の悪は孤独であることができないところから生ずる

（『人生論ノート』新潮文庫、一九五四年、四八頁）

近代日本の知識人のうち、知的経歴という意味で三木清ほど華やかな人は少ない。兵庫県の龍野（現・たつの市）に生まれた三木は、東京の第一高等学校に入るが、西田幾多郎の下で哲学を学ぶために京都帝国大学に進む。当時の京大の哲学科はまさにその全盛期にあり、西田のみならず、田辺元や波多野精一らから三木は学んだ。いわば「京都学派の秀才」として育った三木であるが、

田辺元

波多野精一

大正教養主義の下、新カント派の哲学から出発しつつも、留学先のドイツではむしろ、世界の哲学の新たな息吹を体験することになる。

最初はハイデルベルク大学のハインリッヒ・リッケルトの下で学んだ三木であるが（同じゼミに九鬼周造がいた）、マールブルク大学に転じた際に『存在と時間』を書く直前のマルティン・ハイデガーと出会い、そのゼミに参加している。ここに三木は、新カント派的な認識論の枠を超えて、新たな存在論へと転回する哲学的転換に立ち会ったことになる。このような知的環境の下、三木はニーチェやキルケゴールへと目を開かされた。

さらに三木は、ハイデガーの助手だったカール・レーヴィット、後に『イデオロギーとユートピア』で知られる知識社会学者のカール・マンハイム、さらにハンス・ゲオルク・ガダマーらから個人的指導を受けている。当時のドイツにおいて日本円が強かったことを差し引いても、あり得ないほどの豪華メンバーである。さらにフランスに移動してパスカルの『パンセ』に読み耽り、帰国して書いたのが『パスカルに於ける人間の研究』であったのだから、なんとも言いようがない。

ここには単なる出会いの偶然だけではなく、世界の哲学の流れを直観的に把握する三木の資質と、この時代を生きた知識人としての運命のようなものを見ることができるだろう。のちにマルクス主義と正面から向き合ったことを含め、まさに世界的な知の変化をリアルタイムで体験した稀有な存在であった。

このような華やかな知的経歴に比して、日本に帰ってからの三木の人生は苦渋に満ちたものとなった。望んだ京都帝大で職を得ることはできず、法政大学教授となったが、共産党への資金提供により治安維持法で検挙され、以後は文筆活動で糊口をしのいだ。近衛文麿の昭和研究会に参加し、協同主義の理論化を行なったが、一九四五年に再び治安維持法で検挙され、敗戦後の九月に獄死した。岩波書店のブレインとなり、岩波文庫を世に送り出すなど日本の知的文化への貢献は明らかだが、三木の評価は今日なお十分とは言えない。

そんな三木にとって『人生論ノート』は決して主著とは言えないが、一九三八年から雑誌『文

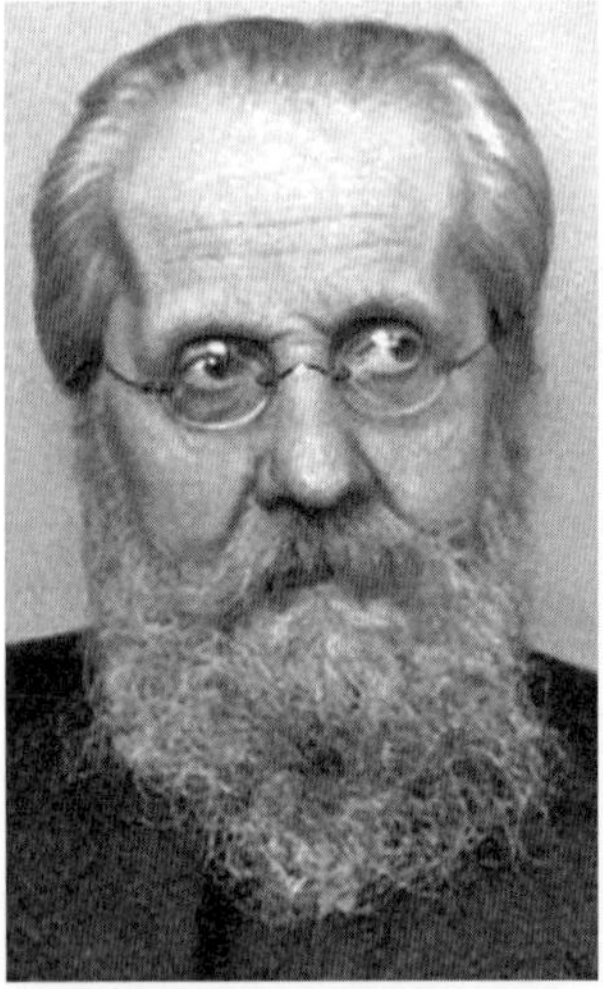

ハインリッヒ・リッケルト

ハンス・ゲオルク・ガダマー

カール・レーヴィット

カール・マンハイム

学界』に連載され、四一年に刊行された同書は、戦争へと向かう日本にあっての三木による貴重な精神的記録であったのかもしれない。「死について」から始まり、「幸福について」、「孤独について」、「希望について」を語る三木の哲学的エッセイは、そのような時代的文脈を超えて今日なお読み継がれている。

思想を死の観念に基礎づけ、「人は唯ひとり死ぬるであろう」というパスカルの言葉を引く三木は、誰もが死ぬが、その死において人が孤独であることを強調する。個人であろうとすることは人間の名誉である。が、虚栄に囚われる人間はむしろ自己を失い、評判を気にするようになる。孤独は自己に閉じこもることではない。むしろ人は大勢の人間の間にあって孤独を感じる。孤独があってこそ人は真の表現活動に向かうのであって、孤独であることができないときに悪が生じる。三木は死と孤独と自由を重視した哲学者であった。

人生においてすべては偶然であり、同時に必然であると三木はいう。運命を愛さなければならないと説き、人生は希望であると語った三木の思索は今日なお示唆的である。

19

自由が希薄になる社会でこそ唯物論——戸坂 潤

戸坂　潤（とさか・じゅん）

一九〇〇～一九四五年、哲学者。

東京神田の生まれ。東京開成中学、第一高等学校を経て、京都帝国大学文学部哲学科卒業。物理学専攻であったが、西田幾多郎の下で哲学を学ぶ。軍部のイデオロギーに観念論的に影響を与えたということで西田や田辺元を批判した。一九三二年に設立された唯物論研究会で『唯物論研究』の編集長、事務長などを務めたが、治安維持法違反によって特別高等警察に検挙され、終戦直前の一九四五年八月九日に長野刑務所で獄死した。

思想とはあれこれの思想家の頭脳の内にだけ横たわるようなただの観念のことではない

（『日本イデオロギー論』岩波文庫、一九七七年、一七頁）

日本イデオロギー論
戸坂 潤著
世界的にファシズムの台頭をみた1930年代。日中戦争に突入したわが国の思想界は急速に「日本主義」へと傾斜した。鋭い時代感覚と論理的一貫性をもって時代と妥協することのなかった戸坂(1900 - 45)は、こうした日本主義が、明治以来の自由主義の限界性にもとづくことを看破する。その透徹した批判は今日なお清新である。(解説＝古在由重)
青142-1
岩波文庫

戸坂潤は戦時下の日本で非業の死を遂げたマルクス主義哲学者である。治安維持法によって特別高等警察に捕らえられ、長野刑務所で獄死したのは一九四五年の八月九日であった。あと一週間生き延びられれば、あるいは戦後社会において活躍する可能性があったかもしれない。同じく西田幾多郎の下で学んだ先輩格にあたる三木清もまた、同年の九月二六日に豊多摩刑務所で亡く

なっている。いずれも過酷な抑圧による衰弱が招いた死であった。戦前の思想弾圧のむごさを思わざるをえない。

同じ時期に、同じような死に方をした三木と戸坂であるが、奇しくもその人生の軌跡は大きく重なっている。二人はいずれも東京の第一高等学校を卒業しながら、あえて大学は西の京都帝国大学に進んでいる。言うまでもなく、哲学者西田幾多郎の下で学ぶためであった。西田門下の哲学の俊秀として出発しながら、後にマルクス主義へと向かい、やがてその師を批判するに至った点も似ている。というより、戸坂にマルクス主義への手解きをしたのが三木であった。

ただし、三木がマルクス主義に傾斜しつつもマルクス主義者にはなりきれず、「観念論」的と批判されたのに対し、戸坂はむしろマルクス主義の王道を歩んだと言えよう。思えば兵庫県の龍野の出身であり、そもそも関西人であった三木に対し、東京の神田に生まれた戸坂は生粋の東京人であった。その意味で（?）、戸坂の方が割り切りがいいというか、西田への接近と批判のコントラストが明快であった（三木の西田批判の方が、はるかに両義的である）。

戸坂はマルクス主義へと導いてくれた先輩の三木に対して、その不十分さを容赦なく批判をしている。が、その割に二人の関係は維持されたようだ。執筆を禁止され、生活に困った戸坂に対して、三木は相談にも乗っている。西田もまた戸坂の痛烈な批判にもかかわらず、これに懇切に

戸坂潤と家族
（前列左より　次女月子，母くに子，海，後列左より　いく子夫人，嵐子，1942年）
（『戸坂潤選集　第八巻』より）

私信で応答している。その意味では、切れ味の鋭い、正直で割り切りのいい弟子に対し、その師匠も先輩もどこか甘かったと言えるかもしれない。あるいは、戸坂の中にそうさせる何かがあったのだろう。

戸坂の代表作といえば『日本イデオロギー論』である。ファシズムへと向かう日本にあって、日本の歴史や伝統を絶対化する「日本主義」に対し厳しい分析を行った本であるが、興味深いのは、戸坂が同時に自由主義をも批判している点である。自由主義者たちがしているのは結局のところ「解釈」であり、「文献学」に過ぎない。観念を弄んでも限界があり、問題は現実の解明である。そのためには「唯物論」しかない。

やや性急にも見える戸坂の自由主義批判は、「哲学者たちは世界を様々に解釈してきただけである。肝心なのはそれを変革することである」（「フォイエルバッハに関するテーゼ」）を思わせる。文字通り、マルクスが『ドイツ・イデオロギー』で行った批判を、日本の学問やイデオロギーに適応したのが本書であったと言えるだろう。

あるいはそれは、西田や三木から受けた影響に対する自己批判だったのかもしれない。自由は大切でも、それを可能にする権力や社会の構造に対する分析を欠くならば、無力なままである。戸坂の目にはその師や先達たちも、経済的自由や政治的自由を失った日本において、残された文化的自由の世界に閉じこもっているように思えてならなかった。それは悪き意味での「文学主義」であった。

戦前の日本の自由主義を代表する長谷川如是閑や河合栄治郎、清沢洌らに対する批判もニュアンスに富んでいる。自由が希薄になっていくばかりの社会において、後退戦を展開する自由主義陣営に対する根本的な戦略の立て直しを説く戸坂の議論は、現代日本にとっても他人事ではない。

Ⅲ 「知」が時代をのぞく

20

生活から倫理を紡ぐ——与謝野晶子

（『没50年記念特別展　与謝野晶子展』より）

与謝野晶子（よさの・あきこ）

一八七八～一九四二年、歌人。

大坂堺で和菓子屋を営む宗七、津弥の子として生まれる。堺女学校卒業後、実家の店番をしつつ歌を詠む。歌人与謝野鉄幹が主宰する『明星』に短歌を発表。その後鉄幹とは不倫関係となり、のちに結婚する。また狂おしい愛の形を謳う処女歌集『みだれ髪』を、その後戦地に向かう弟に向けた「君死にたまうことなかれ」を発表し論議となった。初の女性向け文芸誌『青鞜』創刊号に歌を寄せ、森鷗外の助けを得て、『新訳源氏物語』も発表した。当時のロマン主義文学の中心的人物。

自由に歩む者は聡明な律を各自に案出して歩んで行く

（『与謝野晶子評論集』岩波文庫、一九八五年、九五頁）

与謝野晶子は堺の商家に生まれた。子どもの頃から家業を手伝い、店の帳簿をつけることにも巧みだったという。浪漫的な恋愛歌で知られる晶子だが、暗算が得意で、経済感覚にも優れた女性であった。短歌の改革者であった与謝野鉄幹に憧れ、恋のライバルである山川登美子や鉄幹の内縁の妻を押し除け、その妻の座についた。が、後年、与謝野家の家計を支えたのは晶子であり、

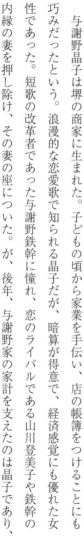

失意の夫をフランスへと送り出し、自らもその後を追った際、費用を捻出したのも彼女であった。十三人の子を生み、育てた（一部の子は里子に出したが）ように、晶子は生活力に富んだ母でもあった。

晶子と言えば、誰もが覚えているのは「やは肌のあつき血汐にふれも見でさびしからずや道を説く君」であろう。肉感的であり、当時の狭苦しい道徳観を跳ね飛ばす勢いが印象的である。あるいは「君死にたまふことなかれ」もよく知られている。観念的な反戦歌ではなく、国家の大義より肉親への思いを優先させただけであろう。国法より兄弟への情を重視した古代ギリシアのアンチゴネーに通じるものがあるかもしれない。そしてそのことが当時の社会通念による批判を招き、苦しい思いをしたのも二人に共通している。

面白いと思うのは、晶子のモダニストぶりである。松村由利子の『与謝野晶子』（中央公論新社）によれば、晶子は当時来日したライト式複葉機に心奪われたという。特にそれを操縦する若き女性飛行士に憧れ、その「科学的聡明と個人主義的自尊と、芸術的情熱と、冒険的勇気」を讃えている。新たなテクノロジーと、それを駆使する女性の自尊と勇気、これこそが晶子の感嘆の対象であった。

『みだれ髪』の斬新な言葉づかい、それを支える情熱と自立心は確かに魅力的である。しかし、その後、子育てや家計のやりくりに苦労しつつ、つねに前向きであり、経験を通じて成熟し続けた晶子もまた輝いている。

すでに触れたように、文学運動にゆきづまり、収入においても妻に依存して自暴自棄になった鉄幹を、晶子はフランスの地で再生させようとした。そして遅れてフランスに到着した晶子が鉄幹と再会した際に歌った「ああ皐月仏蘭西の野は火の色す君も雛罌粟（コクリコ）われも雛罌粟」は、あまりにも鮮やかであった。

ちなみにこの時期の晶子の評論も面白い。冒頭の文章は、フランスから帰国した後に書いた

『みだれ髪』

石井柏亭《伊豆三津における与謝野夫妻像》
（『没50年記念特別展 与謝野晶子展』より）

「鏡心灯語」からのものである。人は真剣に生きようとすればするほど倫理的になる。倫理は「人生の律」だからである。ただし、その倫理とは「外から一律に万人へ覆《お》っ被《かぶ》せる」ものではない。生きている中で自分の内から自然に生じる倫理を重視する晶子は、貞操観念についても自ら選び取ろうとする。「グラン・ブルヴァル」の大通りで、馬車や群衆が互いにぶつからずに軽快に通りゆくのを見て、こう呟いた。「自由に歩む者は聡明な律を各自に案出して歩んで行く」と。

与謝野夫妻筆《歌入皿（二六焼）》
（『没50年記念特別展 与謝野晶子展』より）

　一人ひとりは自らの判断で自由に歩むべきである。そのような個人が十分に「聡明」であれば、そして自らを主体的に律するならば、そこに自ずと秩序が成立する。それを外から古くさい道徳で押さえ込んではならない。

　晶子の舌鋒は女性の自立に始まり、政治の改革にまで及ぶ。そして政治の腐敗に愛想を尽かして傍観者の態度を取る「憂世家」にいま一度、正面から真剣に時代の改革者たることを求める。さらに「選挙権を有する男子たちはこれを機会に果してどの程度まで民本主義の精神を発揮」するかと檄を飛ばす。

晶子の恋愛歌と同じく、その社会評論もまた、つねに新鮮である。その幅広い活動をあらためて確認すべきであろう。

21

明るすぎる東京に距離をおいて——谷崎潤一郎

（『新潮日本文学アルバム　谷崎潤一郎』より）

谷崎潤一郎（たにざき・じゅんいちろう）

一八八六～一九六五年、小説家。

東京日本橋の生まれ。東京府立一中から、第一高等学校を経て、東京帝国大学文科大学に進むが、学費未納により中退する。在学中に和辻哲郎らと『新思潮』を創刊し、戯曲『誕生』や小説『刺青』を発表する。『三田文学』にて永井荷風に評価された。関東大震災ののち、関西に移住し精力的に活躍した。戦時中『細雪』を執筆し、毎日出版文化賞、朝日文化賞受賞。『源氏物語』の現代語訳にも挑むが高血圧を患い、中断を余儀なくされる。わかっているだけで七度ノーベル文学賞の候補となり、世界的な評価された。

やはりああ云う場所は、もやもやとした薄暗がりの光線で包んで…
けじめを朦朧とぼかして置いた方がよい

（『陰翳礼讃・文章読本』新潮文庫、二〇一六年、一五頁）

正直いって、長いこと谷崎潤一郎は自分とは無縁の作家だと思っていた。光源氏ではあるまいし、年下の女性を自分の好みに育て上げ、挙げくのはてにその言いなりになってむしろ喜ぶという趣味はないし、息子の嫁に踏まれたいという怪しげな老人の快楽も知らない。『細雪』の四姉妹の会話は魅力的だったが、若い自分にはいささか冗長に過ぎるように思われた。

『細雪』の四姉妹のモデルとされる，谷崎の撮影（『新潮日本文学アルバム　谷崎潤一郎』より）

とはいえ、筆者がフランスにいた頃、書店に行くと、三島由紀夫の本と並び、谷崎潤一郎の本が随分と多く訳されていることが気になった。あるいはフランス人のエキゾチスムの表れと切り捨てたくもなったが、一見、いかにも日本の伝統的な世界を、耽美的な文体で描いている谷崎の文章が、実は翻訳がしやすく、海外の人にも理解しやすいのではないかと次第に思えるようになった。

例えば『春琴抄』は、芸の道にはげむ、しかし高慢な女性主人と、彼女に従い弟子となった丁稚の物語である。悪漢に恨まれ熱湯をかけられ大火傷を負った主人に対し、弟子は自らの目を突いて盲目になり、なお支え続けていく。なんとも通俗的で、マゾヒスティックな話ではあるが、読んでいるとけっして下品ではなく、むしろ高貴で清らかな読後感さえ覚える。二人の間にある、何か疑うことなき美の価値への奉仕という感覚は、あるいは国境や文化を超えて読者の

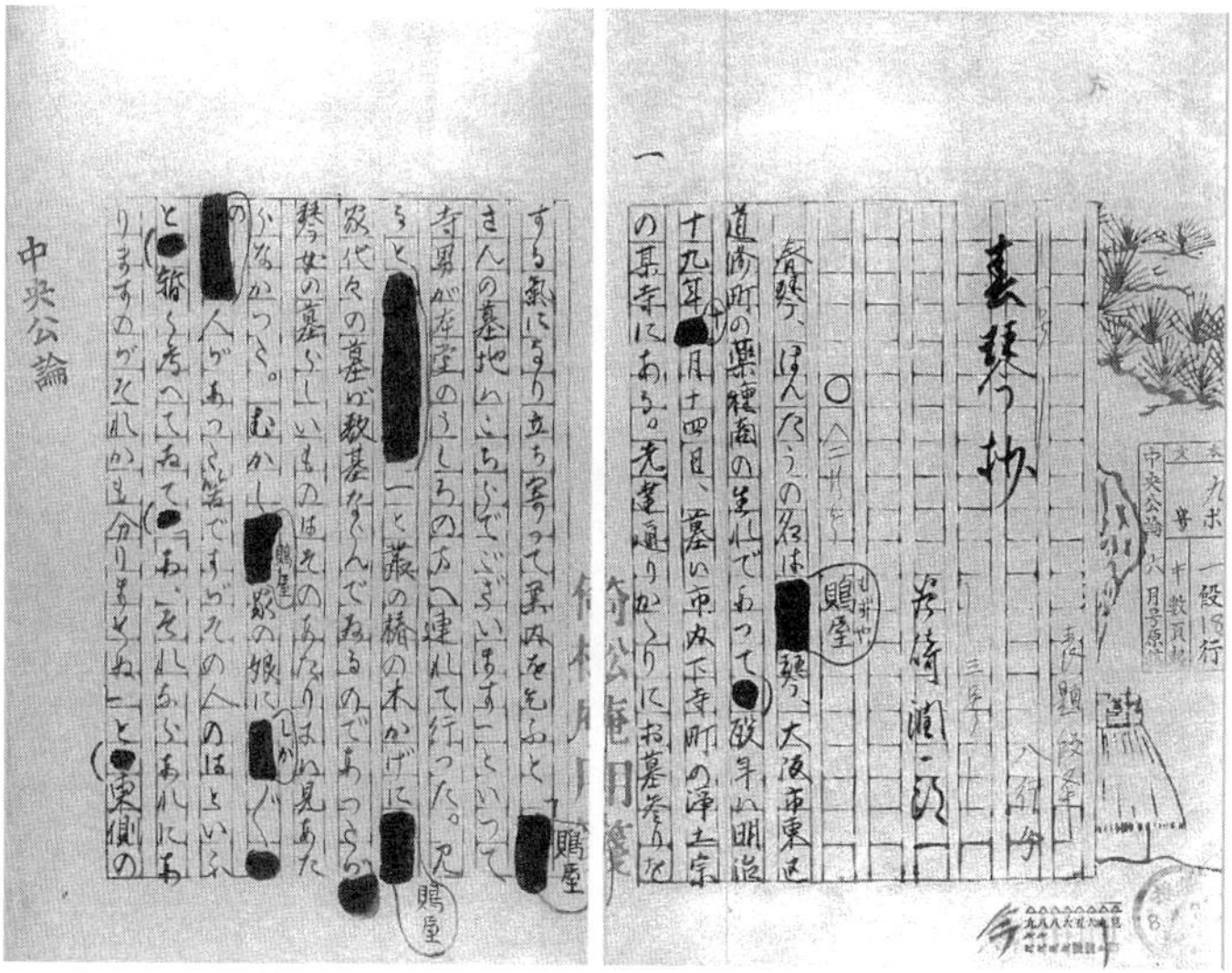

『春琴抄』原稿冒頭（『新潮日本文学アルバム　谷崎潤一郎』より）

心を打つようにも感じられた。

このような谷崎は、近代日本文学において屹立する存在なのだろう。その写真を見ると、いかにも精力的でマッチョな印象さえある谷崎であるが、極めて繊細であり、同業者である他の作家との交流においても、慎重に相手を選んだ印象がある。外国人との交流を好み、のちに映画シナリオに進出した際は女優たちとも交わったという谷崎であるが、相手が作家や知識人となると途端に臆病になり、徒党を組むこともなかった。自らの信じる人としか付き合わない、その意味で文壇とは縁のない文人であった。

そのような谷崎が、関東大震災を機に

岡本梅ヶ谷の谷崎邸（『新潮日本文学アルバム 谷崎潤一郎』より）

関西に移住したことは興味深い。「岡本にて」によれば、谷崎にとって震災復興後の下町は、自分の知っている故郷ではもはやなかった。古い建物は倒壊し、新たに道路がひかれ、東京の外から多くの人が流入した下町は、彼にとってよそよそしい場所にしか感じられなかったのである。むしろ大阪の古い町の方に、幼児の頃の記憶を想い出したという。

ある意味では、谷崎は自分の見たい、会いたいという感情に忠実だったのだろう。逆にいえば、見たくないもの、会いたくない人とは徹底して距離を取り、自分の世界を守ったことになる。それはエゴイスティックであるが、同時にどこか純粋で、いずれにせよ主体的な精神であった。関西に居を移すことで谷崎は自らの文学世界を築き上げ、戦争へと向かう東京中心の政治や社会と独特な距離を維持したのである。

『陰翳礼讃』も興味深い文章である。谷崎によれば、日本建築の良さを象徴するのは厠である。伝統的な寺や家屋において、厠は母家を離れ、青葉や苔の匂いがする植え込みの影に設けてあった。そこは薄暗く、徹底して清潔であり、そして静けさの中にあった。冒頭の一文は、そのような厠について論じた一節にある。障子越しに柔らかい光を感じ、虫の声さえ耳につく静寂の中で、人の心はなんともいえない落ち着きを感じ、瞑想に耽ることになると谷崎はいう（ここで、厠を好んだ先人として夏目漱石が例にあげられている）。その意味で、ひたすら明るい現代のトイレは、谷崎の好むものではなかった。

そのような薄暗さや陰影のグラデーションにこそ、谷崎は日本の美意識を見出した。すべてを明るく照らす方向へと向かう日本の近代化に対し、谷崎は静かに、しかし力強く異議申し立てをし続けたのだろう。

22

名もなきヒーローへの讃歌——手塚治虫

（©手塚プロダクション）

手塚治虫（てづか・おさむ）

一九二八～一九八九年、漫画家。大阪豊中の生まれ。大阪帝国大学附属医学専門部在学中に四コマ漫画『マアチャンの日記帳』でマンガ家デビュー。酒井七馬原作の『新寶島』がベストセラーとなり、戦後ストーリーマンガの先駆者となる。『鉄腕アトム』『ジャングル大帝』『リボンの騎士』などヒット作を量産し、一九六三年日本初の連続テレビアニメ『鉄腕アトム』を制作した。『ブラック・ジャック』『アドルフに告ぐ』など青年漫画にも名作を残し、「マンガの神様」と称され、戦後の漫画家に多大な影響を与えた。

それでもなにかを期待して精一杯生きてる人間てのはすばらしい
（『アドルフに告ぐ』第四巻、文春文庫、二〇〇九年、三一七頁）

日本の戦後文化の豊かさを思うことがある。たしかに日本は戦争に敗北し、多くの人命が失われ、国土は荒廃した。残された人々も傷つき、生き残るために必死であった。それにもかかわらず、敗戦後の日本社会の文化は、独特の豊穣さを示し、結果的に世界に影響を与えることになった。

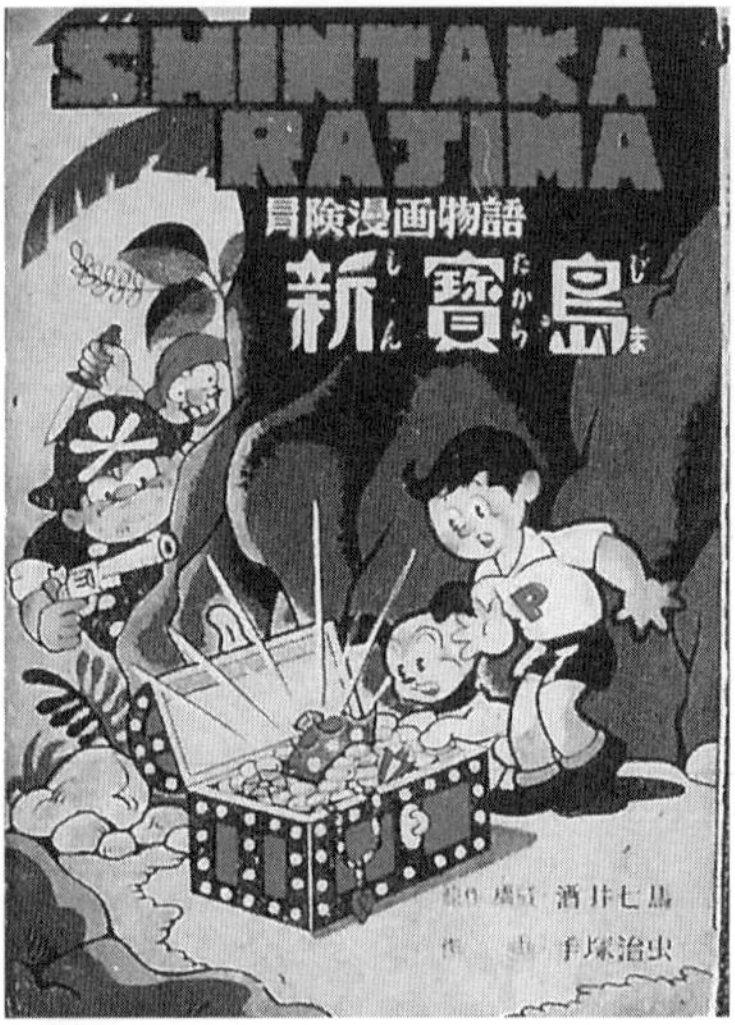

『新寶島』（Ⓒ手塚プロダクション／酒井七馬）

例えば、いったんは洋画家を目指し、後に映画監督としてデビューした黒澤明は、『羅生門』でヴェネツィア国際映画祭の金獅子賞を受賞し、以後、「世界のクロサワ」と呼ばれた。その作風は、スティーブン・スピルバーグをはじめ多くの監督に影響を与えたことが知られている。また満洲からの引き上げ者である小澤征爾は、斎藤秀雄の下でその才能を開花させ、やがてカラヤンやバーンスタインに師事し、世界的な指揮者となった。「みんなのマエストロ」として、今日もなお国境を越えて多くの人々に愛されている。

手塚治虫も、日本の戦後文化の豊かさを体現する一人ではなかろうか。もともとは医師となるべく勉強していた手塚は、一九四七年の『新寶島』が大ヒットしたことから本格的に漫画家への道に進み、『ジャングル大帝』、『鉄腕アトム』など多くの作品によって少年漫画の世界を確立、さらに自らの作品をアニメ化し、アニメーションの分野においてもその開拓者となった。いまや、漫画とアニメは「クール・ジャパン」の名の下、日本文化の代名詞ともなっている。

手塚の最大の貢献は、描線によって登場人物の内面やダイナミックな動きを描き出し、コマ構成によって多層的な時間の進行を表現する様式を確立したことにある。以後の日本の漫画とアニメが、手塚によって生み出され、高度化された表現様式に依拠していることは言うまでもない。手塚の漫画の源流にあったのが、宝塚少女歌劇団（現・宝塚歌劇団）に象徴される、小林一三によってその基礎を与えられた関西の私鉄とその沿線のモダニズム文化であったことも、しばしば指摘されるところである。

小林一三

ただし、その手塚もつねに「人気作家」だったわけではない。白土三平に代表される劇画ブームもあり、一時はその人気が低迷し、手塚自身、自らの表現手法や作品内容について、思い悩む時期もあった。それでも手塚はやがて復活し、『火の鳥』や『ブラック・ジャック』など、現在でも人気のある作品を残している。このような迷いとそこからの復活こそが、手塚の偉大さであると言えるだろう。

『ジャングル大帝』（学童社，第1巻）（©手塚プロダクション）

この稿でとくに取りあげたいのは、手塚の早い晩年における作品である『陽だまりの樹』や『アドルフに告ぐ』である。前者は、手塚の先祖である医師と小藩の下級武士の二人が主人公。性格は違うが、それぞれに自らの信じるところを貫くが、幕末の風雲に運命を弄ばれる。西郷隆盛、勝海舟、米国総領事の通訳ヒュースケンなどが登場する、重厚な群像劇である。後者は、戦前の神戸を舞台に、アドルフのファースト・ネームを持つ二人の主人公が、もう一人のアドルフであるヒットラーのナチスによって切り裂かれ、最後はパレスチナでの対決に至るまでを描く。新聞記者であった峠草平を語り手とする、「何が正義なのか」を問い返す問題作である。

『ブラック・ジャック』（コミックス１巻）
（Ⓒ手塚プロダクション）

いずれも多くの登場人物の関係が複雑に絡み合い、その主人公たちも単純なヒーローではない。とくに主人公同士が最後に殺し合う『アドルフに告ぐ』の読後感は重く、暗い。手塚の行き着いた歴史観、人間観が濃厚に込められている。

それでも登場人物の一人、峠が口にするのが冒頭の言葉である。両作品とも、安易なヒューマニズムを否定しつつ、それでも無名に生きる人間をたたえて終わっているのは偶然ではあるまい。虫プロの倒産など苦労に満ちた手塚の生涯であったが、自らに言い聞かせているかにも聞こえる述懐に、手塚の希望を見て取りたい。

23

対話なき精神的真空への警告

——高坂正堯

（サントリー文化財団提供）

高坂正堯（こうさか・まさたか）

一九三四〜一九九六年、国際政治学者。哲学者高坂正顕の次男として京都市に生まれる。京都大学法学部で田岡良一、猪木正道に師事。卒業後、京都大学で教鞭をとり、ハーヴァード大学に留学、帰国後、現実主義（リアリズム）の視点から国際政治を捉える。中央公論編集長、粕谷一希の依頼で執筆した「現実主義者の平和論」を発表し、坂本義和の非武装中立論の価値を認めつつも、軍事力が担保しうる外交の必要性を主張した。阪神タイガースファンで、テレビ出演も多くお茶の間に最先端の国際政治理論を届けた。

終戦後の改革は「奇妙な革命」として、われわれの共通の遺産となった

（『宰相　吉田茂』中公クラシックス、二〇〇六年、四六頁）

高坂正堯といえば、「現実主義者」として知られる。一九六三年、当時二八歳だった高坂は、雑誌『中央公論』に掲載された「現実主義者の平和論」によって、一躍、論壇の脚光を浴びることになった。国際政治学者の坂本義和や、評論家の加藤周一ら「理想主義者」の中立論の非現実性を正面から批判し、イデオロギーを超えた国際政治の現実を説いたことで、戦後日本における大

粕谷一希（サントリー文化財団提供）

きな知的転換をもたらしたのである。
続く論考である「宰相　吉田茂」も、それまで「ワンマン」として批判されることの多かった同時代の保守政治家を肯定的に捉えることで、「進歩的知識人」が主導していた論壇のあり方に一石を投じた。吉田の経済中心主義を評価し、これを「商人的国際政治観」と呼んだことが、その後の日本政治研究の方向性に対して大きな影響を及ぼしたことは間違いない。外交文書を渉猟し、ウィーン体制についての助手論文を書いた高坂を、このように論壇へと導いたのが編集者の粕谷一希であることもよく知られている。
しかしながら、論壇から「理想主義者」も「進歩的知識人」もほとんど姿を消した今日、あらためて「現実主義者の平和論」や「宰相　吉田茂」を読むと、このような常識的な高坂イメージとは違った一面も浮かび上がってくるのではないか。
例えば、「宰相　吉田茂」をよく読むと、高坂の吉田評価がけっして肯定一本やりではないことがわかる。たしかに大日本帝国の意識を戦後に引きずり、旧来的な外交観の持ち主であった吉田が、それゆえにむしろマッカーサーや、彼の右派的な幕僚たちと巧みに渡り合い、再軍備要求を退け戦後復興に成功した逆説こそが、この論考の主眼である。しかしながら、高坂は同時に、吉田の成功の代償を繰り返し説いている。

吉田はあくまで実際的な外交家であった。彼は「国民に呼びかけ、世論の力を集めて、彼の外交を支える力にすること」（五八頁）を怠っただけでなく、それを嫌い、軽蔑した。もちろん、講和問題をめぐり国論が分裂し、特に南原繁ら知識人との対立が深まるなか、吉田が世論に訴えかけなかったことに、高坂は理解を示している。とはいえ、少なくとも世論形成の試みに着手すべきであったと高坂はいう。

南原繁

農地改革や教育改革などの占領改革についても、高坂によれば、結局のところそれが外からの改革にとどまったのは、吉田の

現実主義者の平和論

外交論議がなんらかの意味で外交政策に寄与するためには、抽象的な中立が問題なのではなく、いかなる政策の積み重ねとしての中立か、が問題なのである――

高《こう》坂《さか》正《まさ》堯《たか》
（京都大学助教授・国際政治学）

中立論に欠けるもの

ソ連の核実験再開やアメリカのキューバ封鎖という、きわめて権力政治的な事件が起るたびに、日本では道義主義的な発言がくり返されてきた。それは確かに必要なことであるだろう。権力政治一本槍の恐ろしさを、われわれは戦争という高価な教訓から学んだからである。しかし、理想主義者たちは、国際社会における道義の役割を強調するのあまり、今なお国際社会を支配している権力政治への理解に欠けるところがありはしないだろうか。力によって支えられない理想は幻影に過ぎないということは、今なお変らぬ真実ではないだろうか。もし、われわれの権力政治に対する理解が不十分ならば、われわれの掲げる理想は、実体を欠く架空のものとなってしまうのである。過去十年以上にわたって続けられてきた中立論を検討するとき、こうした疑問を感ぜざるをえない。

中立論者は安保体制にかわる安全保障の方策として、日本が中立主義をとることを主張するが、その代表例として、安保改定反対の議論が盛んであった一九五九年、加藤周一氏と

— 38 —

「現実主義者の平和論」（『中央公論』昭和38年新年号）

態度に一因があった。これらの改革を準備する動きは戦前から存在したが、それが不十分であれ実現を見たのはやはり、占領軍の力によってである。日本はそれを自力では実現できなかったのであり、結果として占領改革は、変化は大きいが、国民にとっては異質な「奇妙な革命」であった。ならば吉田はそれを少しでも「国民の運動」にすべく努力すべきではなかったかと高坂は説く。

これはいささか、吉田に対して酷な要求かもしれない。しかし、なまじ戦後復興に成功したあまり、日本は何かを失ってしまったのではないか、という高坂の問いかけは根本的である。論文の最後になって、高坂は再び、「戦争で負けて外交で勝った」という吉田の言葉を引用し、「しかし、真にそうだろうか。われわれは精神的な真空を持っていないだろうか」（七三頁）と問いかける。

「現実主義者の平和論」についても同じである。高坂は決して「理想主義」を否定していない。高坂が強調するのはむしろ価値の問題であり、「国家が追求すべき価値の問題を考慮しないならば、現実主義は現実追随主義に陥るか、もしくはシニシズムに堕する危険性がある」（二〇頁）と警告を発する。勢力均衡論的な発想を強調し、あくまで「現実主義」的であろうとした高坂は、同時に価値の問題を重視し、戦後日本における価値の「真空」を危惧していた。それゆえに彼は「理想主義者」との対話を求めたのであり、それは現在への示唆としてなおも重要な意味を持っている。

24

「アルス」としてのしなやかな社交——山崎正和

（サントリー文化財団提供）

山崎正和（やまざき・まさかず）

一九三四～二〇二〇年、劇作家・評論家。京都市生まれで、満洲瀋陽の育ち。少年期にソ連の対日参戦を経験する。帰国後京都府立鴨沂高校、京都大学文学部を卒業し、フルブライト・プログラムでイェール大学演劇科へ留学する。学生時代から戯曲を執筆しており、『世阿弥』は一九六三年岸田国士戯曲賞を受賞、評論でも『劇的なる日本人』で芸術選奨新人賞、『鷗外　戦う家長』で読売文学賞、『柔らかい個人主義の誕生』で吉野作造賞を受賞する。関西大学、大阪大学で教鞭を取りつつ、佐治敬三、開高健、高坂正堯らとサントリー文化財団を創設し日本における企業主体の文化財団事業の先鞭をつけた。

両者の中間に社交というもう一つの関わりかたがあり、それは生命を賭するに値するものだということを人々が忘れ去って久しい
（『社交する人間』中公文庫、二〇〇六年、一四頁）

戯曲家として出発した山崎正和が評論へと活動の場を広げ、多くの読者に知られることになったのは、『鷗外　闘う家長』がきっかけであった。明治国家のエリートでありながら文学の志を維持し、同時に家長として津和野出身の家族を支えた明治人・森鷗外に新鮮な光を与えた同作は、個人と国家、あるいは社会の関係を考えるものであった。

『不機嫌の時代』

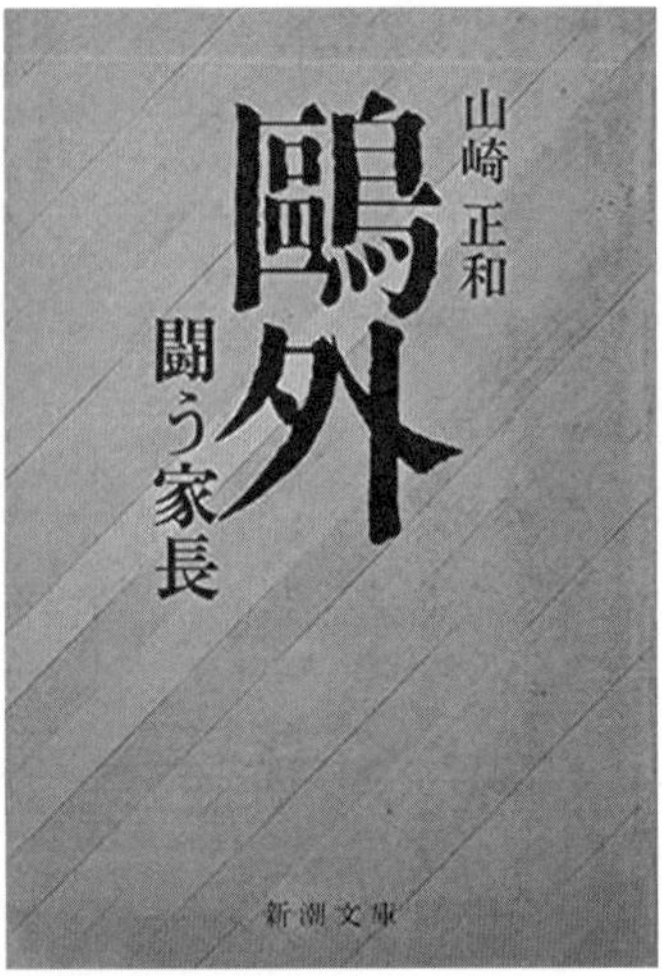

『鷗外　闘う家長』

続く『不機嫌の時代』では、鷗外に続く夏目漱石や永井荷風を襲った「不機嫌」という時代精神を探り、そこから新興の明治国家との間に幸福な関係を築けた鷗外と、それが不可能になった漱石らの世代との違いを描き出した。その意味で、個人と国家、あるいは社会との微妙な関係、さらに言えば、不安定な関係こそが、以後の山崎にとっての一つの思考の基軸になったように思われてならない。

そのような流れからすれば、山崎のもう一つの代表作とも言える『柔らかい個人主義の誕生』はいかなる位置を占めるのだろうか。一九八四年に発表されたこの作品は、バブル社会へと向かう同時代的な文脈においては、あるいは消費社会を生きるしなやかな個人主義の擁護として受容されたかもしれない。

生産に基軸をおいた産業化社会において要請された生真面目で硬い個人に対し、消費を主眼とする脱産業化社会においては、多様な商品を自由に選択することで自らを表現するしなやかで柔らかい個人こそが活躍する。戦後をリードした「近代的知識人」による「主体的な自己」に対し、一九八〇年代以降の新たな個人主義と、それを擁護する新時代の知識人の議論の代表として、山崎の本は捉えられたのではないか。

しかしながら、今日の目でこの本を読み直すならば、むしろそこで強調されるのは、多様な商品を前に、「何か面白いことはないか」とうそぶく空虚な消費者の姿である。山崎に言わせれば、そのような個人は実質的にその「何か」を知らないと告白しているに等しい。さらに山崎は、現代日本人にとって国家とは面白い存在ではなく、少なくとも個人の人生を励ましてくれる劇的な存在ではないという。その議論は、どこか『不機嫌の時代』のリフレインに聞こえなくもない。

そのように考えるならば、「山崎正和の主著」（三浦雅士）、あるいは少なくとも二一世紀になってからの山崎の代表作とみなしうる『社交する人間』へと、いかに山崎の問題意識が持続的であったかわかるだろう。同書はグローバル化によってかつての組織原理が衰退するなか、茫漠とした世界に放り出された個人にとっての、「社交」文化の再生の意義を説いたものである。

「財団法人サントリー文化財団」設立発表記者会見
（左から開高健，佐治敬三，山崎，高坂正堯，サントリー文化財団提供）

国際シンポジウム「日本の主張1980」大阪でのパネリスト夕食会（佐治敬三、ダニエル・ベルらと，1980年）

冒頭の引用にもあるように、社交とは、「砂粒に似た孤独な個人」と「鉄の組織」の間にあるべきものでありながら、生産中心の近代社会において忘却された関係である。社交を支えるのは「友情」だが、それは地縁や血縁といった強い関係でもなければ、自由に選んだ組織の仲間とも異なる。両者の間にあって、半ば自由に選び、半ば非合理を含む関係として友情があり、それを育てるのが社交であると山崎はいう。

このような社交の文化を支えるのは相互評価であり、個人が仕事の一部を「贈与」として行い、それが感謝と評判によって報いられるというメカニズムである。さらにその前提にあるのは、慣習化された規律と、個人の身体に養われた職業意識であるという山崎の議論は、『柔らかい個人主義の誕生』の頃から驚くほど変化していない。「アルス」と「ディシプリン」こそが個人を支えるという山崎の信念は強固である。

自らサントリー文化財団を率いるなど、現代における「社交文化」の復活を目指した山崎の生涯は、その意味で一貫したものであった。はたして「社交」は「砂粒」化する個人を再びつなぎとめてくれるだろうか。

25

人の悲しみを理解することこそ——岡　潔

岡 潔（おか・きよし）

一九〇一～一九七八年、数学者。大阪市生まれ、和歌山県立粉河中学卒業後、第三高等学校、京都帝国大学卒業後、１９２９年京都帝国大学助教授となる。湯川秀樹や朝永振一郎も岡の講義を聞く。その後フランスへ留学。そこで中谷宇吉郎、治宇二郎兄姉と出会う。広島文理大学、北海道帝国大学を経て、奈良女子大学教授。日本学士院賞などを受賞、一九六〇年年文化勲章を受章する。生涯をかけて、多変量複素関数論に取り組む一方で、日本文化、日本民俗にも興味を持ち、数々のエッセイ集を出版した。

道義の根本は人の悲しみがわかるということにある

（『春宵十話』光文社文庫、二〇〇六年、九〇頁）

大分の由布院にある名旅館、亀の井別荘の中谷健太郎さんのところにお邪魔したことがある。現在の由布院の発展をもたらした旅館経営者として、また音楽祭や映画祭などの文化的イベントで由布院の名を全国にとどろかせた人物として知られる中谷さんだが、その仕事場には岡潔の字が飾られていた。

寺田寅彦

といっても筆者は当時、岡潔について多くを知っていたわけではない。小林秀雄との対談『人間の建設』が話題になり、この数学者が再びブームになっていることはわずかながらに認識していたが、それ以上のことはわからなかった。文人気質の、そして学問や教育に一家言ある科学者くらいのイメージであった。中谷さんは、「岡潔はうちの近くにずっといて、親しくしていたんだ」と説明してくださったが、あまりピンと来なかった。

後に知ったが、由布院に旅館を築いたのは加賀出身の中谷巳次郎であり、健太郎さんはその孫、そして『雪』などのエッセイで知られる物理学者の中谷宇吉郎は甥であった。岡潔はフランス留学時代、宇吉郎が毎晩のようにやってきて、師の寺田寅彦について語っていたことを後に思い出している。また岡がその数学の構想において天啓のようなひらめきを感じたのは、宇吉郎に招かれて札幌に滞在していた時期であった。いわば寺田寅彦、中谷宇吉郎、そして岡潔は、理系の研究者であると同時に、優れた文章表現者として、一つの系譜上にあったと言えるだろう。

中谷治宇二郎（中谷治宇二郎『考古学研究の道』より）

中谷宇吉郎（北海道大学文書館蔵）

さらに宇吉郎には考古学者の弟がいたが、この治宇二郎こそが岡の親友であった。フランス時代、岡は治宇二郎と同居し、帰国後も結核の療養で由布院に滞在した治宇二郎と語るために自らも由布院にやってきた（治宇二郎は三四歳で早世している）。いわば岡は中谷家の一員のようなものであった。中谷家の兄弟が岡の青春時代の仲間であったとすれば、岡の影響が現在の健太郎さんを今も支えていることになる。

岡は和歌山と大阪の境にある紀見峠の出身、京都帝国大学時代に数学を志し、フランスに留学した。広島や奈良で教鞭を取りつつ、多変数複素解析関数論の分野で次々に独創的な論文を発表、世界的に評価され

酒井抱一筆《梅樹下草文様小袖》
（梅の花はまさに日本の春の景色だろう）（『琳派 京を彩る』より）

た。文化勲章受章後、エッセイとしてまとめた『春宵十話』がベストセラーになり、その存在が多くの人に知られることになった。今日、その著作が次々に復刊され、文庫化されているように、現在でもなお根強い人気を持っている。

『春宵十話』が面白いのは、数学者である岡が情緒の重要性を説いていることにある。人間の根本にあるのは情緒であり、情緒が損なわれれば人間も社会もダメになる。数学とはいわば、この情緒の上に成り立つ調和に他ならないと岡は説いた。幼少年期の情緒の涵養の意義を重視した岡は、自身も絵を好み、文学に親しんだ（好きなのは夏目漱石、芥川龍之介、松尾芭蕉であった）。

その上で岡は「悲しみ」を理解できるようになることを強調する。幼児は人の悲しみを理解できない。ところが成長するにつれて人の悲しみがわかるようになり、自分もまた悲しいと感じるようになる。それが宗教であり、道義の根本であるというのが岡の主張であった。逆にこのような意味での情緒が失われつつあると考えた岡は、日本の将来に繰り返し危惧を表明している。

ちなみに岡は、自他の対立する理性的な世界に対し、自他の対立のない宗教の世界を対置する。そのような岡が、自他の対立のない世界に安らぎを覚えつつも、自他の対立がなくなると理想も向上もなくなると言っているのが面白い。晩年、宗教への傾斜を強めた岡であるが、ヨーロッパにおける天才たちの激烈な競争についても触れている。

情緒に支えられた数学の自由な精神を追求した岡の生涯とその著作は、近代日本の知性の歴史において独自な輝きを持っている。

26

仮構の現実を嚙みしめる——山崎豊子

山崎豊子（やまざき・とよこ）

一九二四〜二〇一三年、小説家。

大阪船場の老舗昆布屋の生まれ。相愛高等女学校、京都女子専門学校卒業後、毎日新聞大阪調査部入社、井上靖のいる学芸部に転じた。一九五七年生家をモデルに『暖簾』を刊行しデビュー、翌年世下野工業を創業した吉本せいをモデルに『花のれん』を発表し、直木賞受賞。その後軸足を大阪から移し、戦争、そして人間へテーマを拡げる。その中で『不毛地帯』『沈まぬ太陽』など話題作を続け、一九九一年、菊池寛賞受賞。外務省機密漏洩問題の西山事件を取り上げた『運命の人』で毎日出版文化賞特別賞を受賞した。

今のように物資は豊かでも、精神的な不毛の中に生きる方が、生き辛い
（『不毛地帯』（三）、新潮文庫、二〇〇九年、四五七頁）

山崎豊子という作家を、私たちはどのように理解すべきなのか。もちろん、山崎は『白い巨塔』、『華麗なる一族』、『不毛地帯』、『二つの祖国』、『大地の子』、『沈まぬ太陽』など数々の長編小説を執筆し、そのいずれもが大きな反響を呼んだ。作品の多くが今日でも繰り返し映画化され、ドラマ化されている。押しも押されもせぬ人気作家であり、この連載でも取り上げた司馬遼太郎とは

『白い巨塔』

『沈まぬ太陽』

違った意味で、戦後日本を代表する「国民作家」と言えるだろう。その限りで、山崎は評価の定まった作家である。

　その作品はいずれも綿密な取材で知られている。一度ひとつの作品に取りかかると、その準備期間を含めれば五年以上を費やすことが珍しくなかった。初期の作品は、吉本興業の創業者である吉本せいを主人公とする『花のれん』をはじめ、大阪を舞台に、女性主人公の生き様を描いた作品が多かったが、その後は社会問題を積極的に取り上げ、戦争の問題にも向き合った。あくまでエンターテイメント作品を書きながら、日本にとっての戦争の意味を骨太に考え続けた作家として、並ぶもののない書き手である。

油田そばの石油工場の様子（中央イエメン）

しかし、それでは山崎は日本にとっての戦争をどう捉え、戦後社会をいかに描いているのか。この問いの答えは、必ずしも自明ではない。この問題をいま一度考え直すために、それにふさわしい作品として『不毛地帯』を読み直した。

この小説の主人公壹岐正は、陸軍大本営参謀である。終戦時にソ連軍によって抑留され、実に一一年にわたり、シベリアでの過酷な生活を送った。多くの上官、仲間、部下を失い、それでも何とか生き残った壹岐は、日本に帰ってから意外なことに商社において第二の人生を送ることになる。壹岐は、その才覚を発揮し、次期戦闘機受注、国産自動車メーカーと米自動車大手との提携、さらにはイランにおける石油開発を通じて急速に台頭し、同社の重役になる。

香月泰男《ダモイ》(1959年)（山口県立美術館蔵）
香月はシベリア抑留から帰還後その体験を黒色と黄土色の重厚な「シベリアシリーズ」として描いた。左に見える文字は**Дамой**（ダモイ）ロシア語で故国への意味。

これだけ読むと、あるいは実在の人物を想起する読者も多いだろう。壹岐があくまで潔癖に、自分なりの筋を通すべく苦闘する人間として描かれていることに、その人物を美化しているとの批判があったのも事実である。が、読んでみればわかるように、壹岐のモデルは複数おり、それを融合させ、山崎が作り出した人間像であることは明らかだろう。

ただ、戦前は軍のために、戦後は日本経済発展のために尽くした人間として、壹岐があくまで肯定的に描かれているかと言えば、そうも言い切れない。壹岐は受注のための活動を通じて、かつての戦友を死に追いやり、政治家への露骨な働きかけをするなど、明らかにその手を「汚している」。商社の現実がそれほど綺麗事ではないのは間違いないとしても、山崎がその主人公を決してクリーンな存在とは描いていないことは確かである。また壹岐はかつての上官の娘に恋慕するが、結果として妻の不幸な死を招き、その女性に対しても誠実とは言えない態度を取り続ける。

何より、最後まで山崎の主人公は、自分のしていることが正しいとは思っていない。大義や国益を口にしつつ、それが真実とはどうしても確信が持てない。シベリアの不毛地帯で抑留生活を送った壹岐は、やはり戦後社会においても、その不毛を嚙み締めているように思えてならない。日本の国益という、ナショナリズムによる最後の砦も彼にとって絶対的なものではなかった。

最後になって壹岐は、暴走するワンマン社長に勇退を直言し、自らは会社を去る。残りの人生を、ロシアで亡くなっていった戦友のために捧げるエンディングは確かに美しい。とはいえ、そのことによって戦後を生き抜こうとした壹岐の後半生がすべて正当化されるわけでもない。山崎は、日本の戦後社会もまた「不毛地帯」と考えていたのだろうか。重い読後感が残った。

27

近代女性の思想的水脈を描く——瀬戸内寂聴

瀬戸内寂聴（せとうち・じゃくちょう）

一九二二～二〇二一年、小説家。

徳島市の仏壇屋（瀬戸内商店）の生まれ。徳島高等女学校、東京女子大学卒業。大学在学中に見合いして結婚するも、その夫の教え子の文学青年と不倫する。その後、夫との間にできた娘を捨て自活。正式な離婚後に東京に出て小説家を目指す。一九五六年処女作「痛い靴」を『文学界』に発表するが、描写から「子宮作家」と批判される。その後自身の三角関係の経験を描いた『夏の終わり』で一九六三年女流文学賞を受賞。また井上光晴と恋愛関係となり、関係を切るため出家した。その後出版した『寂聴般若心経』がベストセラー、一遍上人を描いた『花に問え』で谷崎潤一郎賞受賞、『源氏物語』の現代語訳にも取り組んだ。

野枝ははじめて過去のすべてから解放され、あれほど渇望していた自由を獲得した

（『美は乱調にあり』岩波現代文庫、二〇一七年、三一三頁）

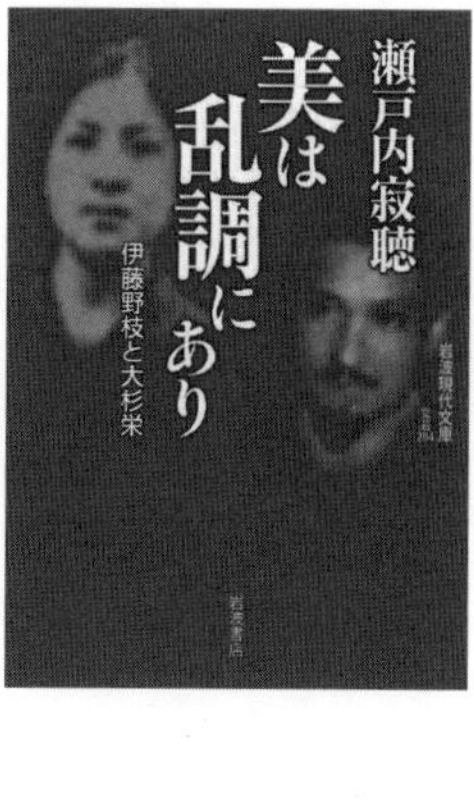

筆者の世代にとって、瀬戸内寂聴といえば最初から寂聴さんであり、頭を丸めた柔和な顔しか思い浮かばない。しかし彼女が出家したのは五〇歳を過ぎてからであり、一〇〇年近いその人生の半分の月日においては、瀬戸内晴美という俗名で過ごした（生まれたときは三谷姓）。徳島市の仏壇屋に生まれ、本好きな少女として成長した彼女の若い頃の写真を見ると、小柄で、いかにも生

伊藤野枝

大杉栄

き生きした表情をしている。

しかし、その人生を振り返ると、波乱続きである。結婚し、娘を産んだものの、教員であった夫の教え子と不倫をして、のちに子どもを置いて家を出ている。小説家としてデビューしてからも、その作品『花芯』は描いた愛や性の描写ゆえに物議を醸し、「子宮作家」と呼ばれたという（現在の目で見ると、このような呼び方自体がひどく差別的で下品である）。その後も妻子ある小説家の井上光晴と恋愛関係になっているが、井上の娘である井上荒野による『あちらにいる鬼』を読むと、井上とその妻、そして瀬戸内の関係がよくわかる。

にもかかわらず、瀬戸内の書くものを読

んでいると、そこにはスキャンダルめいたものは感じられない。一つには、彼女が正直であって潔く、誰かを非難したり責任転嫁したりせず、すべてを自分の責任として受け止めているからであろう。彼女は自分が人を傷つけたことを認め、詫び、そしてあらゆる罵倒の言葉を甘受する。また、あらゆるものを失う覚悟で行動し、実際に失っている。そのような彼女の言動を見ていると、「自由」という言葉を、そのもっとも厳しい意味において実感する。

ちなみに瀬戸内は、自分が置いて出た娘とのちに和解し、井上荒野とも交流を続けたという。それもまた彼女の人柄ゆえであろう。彼女らは瀬戸内を「許した」のかもしれないし、あるいは同性の人間として「理解した」のかもしれない。余人としては、何もいうべきことはない。

膨大な数の小説、エッセイを書き、各種の人生相談に応じ、後半生は僧侶として法話を行ったが、九〇歳を過ぎた瀬戸内自身は、「ぜひ、今も読んでもらいたい本を」聞かれれば、即座に『美は乱調にあり』と、その続編である『諧調は偽りなり』をあげたという。実際、今読んでみても登場人物に魅力があり、その悲惨な結末にもかかわらず、躍動感と自由な雰囲気に満ちた小説である。

主人公の伊藤野枝は、女性運動家として平塚らいてうらの『青鞜』に参加し、のちにアナーキスト大杉栄と暮らした。関東大震災の際に、甘粕正彦ら憲兵隊によって大杉とその甥とともに虐

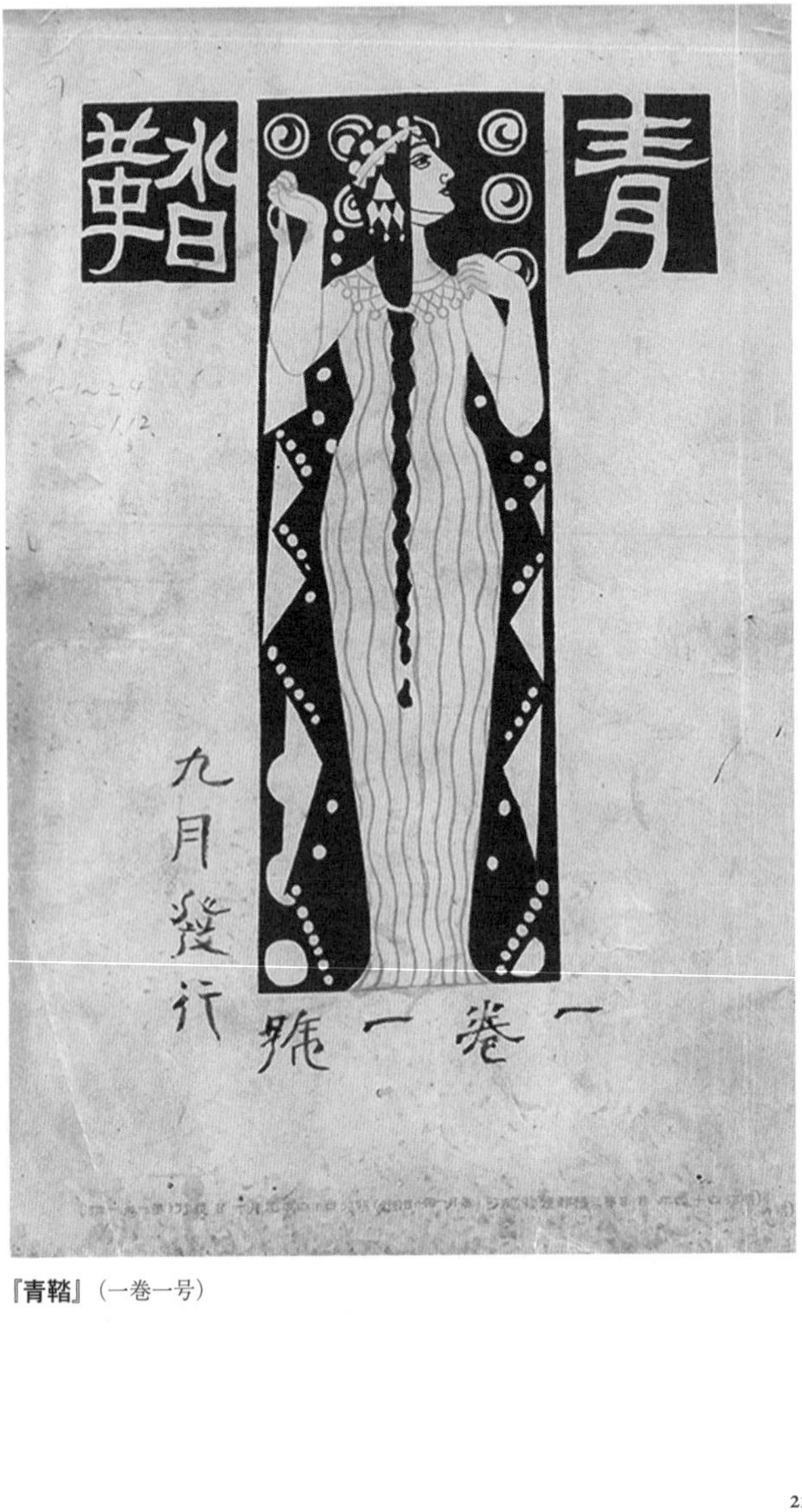

『青鞜』（一巻一号）

殺されている。福岡の豊かでない家庭に生まれながら詩や短歌を好み、苦労して勉強を続けながら、文学や社会への想いを貫いていった姿は、瀬戸内を彷彿とさせる。さらに親に決められた許嫁がいたにもかかわらず、高校の教師だったダダイストの辻潤のもとに走り、その後さらに大杉栄と恋愛関係になった点もやはり瀬戸内を想起させる。大杉とその妻、さらに愛人であった神近市子との愛憎劇がよく知られている。

冒頭の言葉は、伊藤が辻の家を出て、大杉のもとに向かったシーンに出てくる。あらゆる非難を覚悟し、辻に対して自らの変節を詫びたことで、彼女は解放され、自由になったと瀬戸内は書く。それは彼女の実感であったろう。瀬戸内は伊藤を責めることなく、かといって辻や大杉を——その欠点とともに——魅力的な人物として描くことも忘れない。この時代の行動的な若者たちによる自由の精神の軌跡を表現した作品として秀逸である。

管野スガ

瀬戸内は他にも田村俊子、管野スガ、岡本かの子、金子文子ら、傑出した女性たちの評伝を書いている。近代日本の大切な思想的水脈を彼女は私たちに残してくれたことを忘れてはならない。

28

グローバル時代の新たな日本語の模索

——村上春樹

村上春樹（むらかみ・はるき）
一九四九年〜、小説家。
京都市伏見区生まれ、神戸高校卒業後、早稲田大学映画演劇科卒業。一九七九年『風の歌を聴け』で群像新人文学賞受賞し作家デビュー。一九八七年の『ノルウェイの森』がベストセラーとなり（累計一〇〇〇万部を超える）、日本のみならず世界的なブームになる。代表作は『ねじまき鳥クロニクル』『世界の終わりとハードボイルド・ワンダーランド』『海辺のカフカ』『１Ｑ８４』など、世界五〇か国以上で翻訳される。またフィッツジェラルド、チャンドラーなどの翻訳も手掛ける。

これまでとは違う小説を書こう

（『神の子どもたちはみな踊る』新潮文庫、二〇〇〇年、二三六頁）

未来に、近代日本語の歴史が書かれるとき、あるいは村上春樹はその重要な一頁をしめるかもしれない。明治において、夏目漱石は漢文脈の伝統と英文学の教養、さらに落語に代表される江戸の口語文化を融合させることで、独自の文体を築き上げた。その文体はまったく新しいものであったが、現代の我々が読んでも違和感がない。現代の日本語が、漱石が作り出した文体の延長

『風の歌を聴け』

線上にあるからだ。その意味でいえば、村上春樹の作り出した文体も極めてオリジナルだが、それはすでに現代日本語の一つのベースになっているようにも思われる。

村上がその出発点において、新たな文体を作り出すことに自覚的であったことは言うまでもない。新たな表現を模索するなかで、まずは英語で書き、それを後から日本語にしたという逸話はあまりに有名である。それが本当かはともかく、村上の文体が現代アメリカ文学の影響を強く受け、あえて翻訳調を日本語の文脈に導入したことは明らかである。作家としてデビューした後も、レイモンド・カーヴァやジョン・アーヴィングらと交流し、スコット・フィッツジェラルドへの愛着を隠さない。小説家でありながら、同時に多くの翻訳を自ら行ったのも、村上の特徴であろう。

もちろん、現在では、村上が吉行淳之介や安岡章太郎、小島信夫や庄野潤三といった「第三の新人」の作品を好んだことが知られている。とはいえ、少なくともデビュー当初、村上がそれま

スコット・フィッツジェラルド

ジョン・アーヴィング

での日本の近代文学とはっきり一線を画し、新たな文体の構築を目指したことは間違いない。『風の歌を聴け』は、村上の伝記的事実を踏まえれば神戸を舞台とした作品であろうが、少なくとも文章からは、それが世界のどこの話なのかわからない。村上が生きた時代の日本の状況や土地の文脈から浮遊したような、グローバルな無国籍性こそが、彼の作品が世界で読まれた理由の一つであると分析する批評家も多い。

興味深いのは、その後の村上の軌跡である。村上はバブルに向かう日本を避けるかのように、イタリアやギリシャなどヨーロッパに長期滞在し、その後はさらにアメリカのプリンストン大学の客員研究員となっている。前者での体験は『遠い太鼓』に、後者は『やがて哀しき外国語』にまとめ

1995年（平成7年）3月21日　火曜日

MAINICHI 毎日新聞

不審な男、つぶさに目撃

若い女性「包み置き、恵比寿で下車」

捜査当局、サリンと断定

地下鉄毒ガス

直後、液体漏れ異臭

東京地検にも異例の捜査本部

4分間に霞ケ関駅に集中

官庁職員らの通勤帯狙う？

5本の電車から不審物6個

夕刊とあすの朝刊休みます

NEWSLINE

民主化へ広がる期待　9

華麗なプレー再び　27

初のマラリアワクチン配給へ　7

パソコン通信でローン相談　10

秋田で山スキーの12人不明　30

家庭教師　トライグループ

医療'95　4月号　グループ診療は定着するか

看護学校　医療技術学校

詩吟発声法

住まいの設計　5月号　2階リビングが気持ちよい　2000万円台の家　地震に強い家

月刊美術　4月号

土木施工　内燃機関

地下鉄サリン事件を伝える新聞（毎日新聞社）

られているが、いずれも旅行体験記の域を超え、社会批評や文明論の趣を持つ。世界のどこでも頑なにその生活スタイルを維持する村上を揶揄する声もあったが、この時期、あえて日本を外から眺めようとしたのは、あるいは作家的直感によるのかもしれない。

やがて村上は一九九五年の地下鉄サリン事件に衝撃を受け、ノンフィクションの『アンダーグラウンド』を執筆するなど、作家として大きな転機を迎える。その一方、同年の阪神淡路大地震は、村上に「日本社会の底が抜けた」ことを痛感させた。問題は震災による物理的破壊だけでなかった。日本の政治・社会システムの機能不全と、日本人の精神的な漂流こそが、その後の村上の作品を貫く大きなモチーフとなる。村上は作品中で、日本の大陸での軍事行為に触れるなど、日本の近代史への関心を示すようになった。

ちなみに冒頭の文章は、地震を共通テーマとする短篇集『神の子どもたちはみな踊る』の最後を飾る「蜂蜜パイ」から取ったものである。主人公は小説家であり、大学時代以来の親友である男女の離婚を受けて、彼女とその娘との生活を決意する。この短篇集の登場人物はいずれも阪神淡路大地震のトラウマを抱えるが、この作品のエンディングは微かに希望を持たせるものとなっている。二人の女性を守る「不寝（ねず）の番」となることを誓う主人公は、新たな小説を書こうと口にする。

村上ははたしてグローバルな無国籍性から帰還したのだろうか。社会や歴史を語ろうとする村上の文体は、日本語の可能性をどう発展させていくのだろうか。

29

学者と仙人の残像——アレックス・カー

アレックス・カー（Alex Arthur Kerr）

一九五二年〜

アメリカ生まれ、アメリカ海軍所属の弁護士であった父とともに、各所に滞在、そして横浜の海軍基地に一九六四年、父の赴任と共に来日する。イェール大学日本学卒業後、慶應義塾大学に留学。日本全国をヒッチハイクで回り、徳島県祖谷に魅了され、古民家を購入する。オックスフォード大学を経て、再度日本美術の研究に取り組み、一九九六年国際日本文化研究センター客員助教授として山折哲雄に師事する。『美しき日本の残像』『犬と鬼』など独自の視点から日本の再発見を行っている。

長い間巧みに世界を排除してきたため、ついには日本は置いてきぼりにされ、世界の流れと無関係になってきた

（『犬と鬼——知られざる日本の肖像』講談社、二〇〇二年、五頁）

アレックス・カーは少年時代に父親の仕事の関係で日本に来た。以後、アメリカに戻ってからもイェール大学で日本学を学び、再び来日して後、日本の各地を周り、その著述と同時に、古民家再生の活動でも知られる。

カーの原点は徳島県の祖谷《いや》にあった。かつて深い渓谷に遮られ、外部との往来が困難であった

『美しき日本の残像』

この地を訪れたカーが、その古民家の美しさに目覚め、購入したのは一九七三年である。茅葺き屋根を葺き替え、時間と手間をかけて再生したのは、反時代的な行為であったろう。しかも、それを若いアメリカ人が自らの手で行ったことは、当時の日本社会に対する一つの異議申し立てであった。残念ながら、伝統的な建物をいとも簡単に建て替え、海や川をコンクリートで覆い、過去の遺産をすべてゴミ箱に放り込む日本の姿は、今日でもほとんど変わらない。

かつて日本の自然に神々が漂っているのを感じたカーは、無数の電柱に覆われた街並みやテトラポットに埋め尽くされた海岸を見て、現在の日本を世界で最も「醜い国」だという。その叫びは哀切であり痛烈である。その論調は、彼の名を日本の読者に知らせしめた『美しき日本の残像』以来変わらないが、二一世紀になって書かれた『犬と鬼』になると、公共事業を自動機械のように継続する官僚制をはじめ、日本の政治・社会システムに対する批判が濃厚になる。

祖谷の落合集落（三好市観光協会提供）

祖谷のかずら橋（三好市観光協会提供）

「犬と鬼」というのは、中国の古典『韓非子』に出てくる故事だという。皇帝に描きやすいものと描きにくいものを聞かれた絵師が、それぞれ犬と鬼だと答えたことに由来する。犬のようにすぐ身近なところにいるものを描くのは実は難しい。むしろ鬼のような派手で大げさな想像物の方が描きやすい。この故事が伝えるのは、身の回りの基本的な課題の解決は難しく、むしろ派手なイベントやモニュメントを作る方が簡単だということだ。五輪開催に狂奔した現代日本の政治・行政にもそのままあてはまる話に思えてならない。

現在の日本の苦境を表す言葉は「中途半端」であり、これから数十年はこのままやっていけるだけの蓄えがあることが「日本の悲劇」だとカーはいう。しかし、そのように彼が指摘してから二〇年がたった今日、日本はすっかり貧しくなったが、それでも日本の近代化を見直す機運は乏しい。海や山や川を元に戻し、地域ごとの暮らしを守り、それぞれの産業を育てていく世界の流れから取り残されたままである。

今回、『美しき日本の残像』を読み直して面白いと思ったのは、その「文人」論である。ローズ奨学金でオックスフォード大学に学んだカーは、その当時にあってもかなり時代錯誤的なカレッジの老教授たちと出会うことになる。しかし数百年を単位に文明の物差しを考える老教授たちの歴史や古典に対する感覚を、カーはやがて学ぶことになる。

翻ってカーは、東洋にも独自の文人の系譜があることに気づく。それは儒学の「学者」と道教の「仙人」が融合したものであり、学問を楽しみ、人生を自由に歩む人々であった。日本の古美術を学ぶようになったカーは、煎茶や儒学者の書にそのような文人の精神を見出すようになる。市河米庵の書を愛し、白洲正子とも交流した彼が、「徳不孤」、すなわち徳のある人は孤独にならない、学問を大事にし、自然と自由を愛する人はやがてつながるという希望でその章を終えているのは、この本の数少ない希望であろう。

カーの同書に新潮学芸賞を贈った司馬遼太郎の選評が、同書の文庫版に後書きとして収録されている。司馬もまたカーの文人論を評価し、彼が「日本では稀少になった〝文人〟としての自分を充実させようとしている」と書いている。バブルを迎え、日本を醜いものとする同時代の公共事業を憎んだ司馬もまた、カーの文人論に明るさを感じたようだ。

あとがき

　序でも触れたように、著者の父親は西日本の出身である。それを感じるのは「宇野」の発音であり、子どもの頃、自分とは異なるアクセントで自己紹介する父親に微妙にエキゾチックなものを感じたという と、やや大袈裟であろうか。小学校以来、クラスメートに「宇野」姓はほとんどいなかったが、北陸や関西に行くと、「宇野」さんにしばしば出会った。なるほど、宇野は西の名前なのだと、その時に感じたことを覚えている。

　思えば、三〇代半ばくらいになって、著者は関西での研究会などにお声がけいただくようになった。その際、たびたび新幹線で行き来しながら、東西の知の伝統について考えるようになった。大きなきっかけとなったのは、サントリー文化財団の「堂島サロン」である。この企画は「大学論や人社系学問の知の有り様を広く議論する」（同財団ブログより）ためのものであり、猪木武徳先生（大阪大学名誉教授）、大竹文雄先生、堂目卓生先生（いずれも大阪大学教授）と共に、著者が「ホスト」を務めさせていただくことになった。思えばなぜ著者がこの集いに加わったのか、記憶が定かでないが、あえて東京の大学に勤務する自分が加わることで、何か意味ある化学反応が起きると勝手に考えたのだろう。

そんな頃、これもやはりサントリー文化財団のイベントの終了後であったが、京都のミネルヴァ書房の編集者、堀川健太郎さんと出会うことになった。堀川さんからは思いがけず、同社の広報誌「究」に連載をもたないかという魅力的な打診をいただいた。うれしく思ったが、しかし、何をテーマに書くかと考えると、思い迷うことにもなった。その際に出てきたのが、「関西知の系譜」というテーマである。堀川さんからは、「関西縛り」をあまり固定的に考える必要はなく、広く「西と東と」の知の交流史を描いてはどうかというアドバイスをいただき、よしそれで行こうと連載が始まった。

連載は苦しいことが多いものだが、今回は楽しかった思い出ばかりが残っている。毎回、人物を選び、その著作を読みながら想を練るのが楽しみだった。連載にこと寄せて、手塚治虫の漫画を「大人買い」したり、山崎豊子の大河小説を読みふけったりするのも喜びだった。今から思うと、「あの人も取り上げたかった、この人ももう一度読みたかった」という後悔が尽きないが、取り上げた人物のリストを眺めて、東京の研究者が想像する関西知とはこんなものかとご笑覧いただけるとありがたい（「まことに偏った人選であり、自分ならこの人を選んだのに」というご叱正も喜んで受け止めたい)。

大切なのは、本書の冒頭にも書いたように、西と東とで、「もっともっと自由な「知」の風を」吹かすことである。日本の最大の資産は、多様な地域であり、それぞれで培われた知の伝統である。東京中心のモノトーンな思想史叙述を打ち破り、近代日本の知の豊かさをあらためて享受したいと、心から願っている。私の企てはあまりにささやかなものであるが、これに共感する方々がおられれば、そのお力を借りて、このプロジェクトをさらに発展させていきたいと思っている。

最後に私にこのような機会を与えてくださったミネルヴァ書房の堀川健太郎さんに、いま一度感謝したい。熟練した編集者である堀川さんは、文字通り、「知」のコーディネーターであった。堀川さんの導きなくして連載は完結せず、この本を完成することもありえなかった。毎回毎回、堀川さんの懇切なるコメントをいただくことが楽しみで、原稿を送ったことを思い出す。本にするにあたっても、充実した図版をご用意くださったのは、堀川さんである。野蛮な「東人」である私を導き続けてくださったことに心からお礼を申し上げたい。

二〇二二年一一月

宇野重規

人名索引

あ 行

か 行

ま　行

や　行

ら　行

事項索引

あ　行

か　行

さ　行

た　行

な　行

は　行

ま　行

や 行

ら 行